APOCALIPSE

editora
esperança

Sherron K. George
Timóteo Carriker

APOCALIPSE

Um mergulho missional

1ª edição

Curitiba/PR
Abril/2025

editora
esperança

Sherron K. George e Timóteo Carriker

Apocalipse

Um mergulho missional

Direção executiva: Claudio Beckert Jr.
Coordenação editorial: Guilherme Kacham
Revisão: Josiane Zanon Moreschi
Capa: Endrik Silva
Diagramação: Josiane Zanon Moreschi

Dados Internacionais de Catalogação na Publicação (CIP)
Sueli Costa - Bibliotecária - CRB-8/5213
(SC Assessoria Editorial, SP, Brasil)

George, Sherron K.
Apocalipse: um mergulho missional / Sherron K. George, Timóteo Carriker. — 1.ed. -- Curitiba, PR : Editora Evangélica Esperança, 2025.
272 p. -- (Um mergulho missional)

ISBN: 978-85-7839-440-0

1. Bíblia N.T. Apocalipse – crítica, interpretação, etc. I. Carriker, Timóteo. II. Título. III. Série.

CDD-228

Índices para catálogo sistemático:

1. Apocalipse 228

Salvo indicação, as citações bíblicas foram extraídas da Bíblia na versão Nova Almeida Atualizada © Sociedade Bíblica do Brasil, 2017.

Editora Evangélica Esperança
Rua Aviador Vicente Wolski, 353 - Bacacheri
CEP 82510-420 - Curitiba - PR
Fone: (41) 3022-3390
comercial@editoraesperanca.com.br
www.editoraesperanca.com.br

editora esperança

ASEC Associação de Editores Cristãos

Sumário

7º sete - Sete visões do fim - Apocalipse 19.10—22.5

Epílogo - Apocalipse 22.6-21

Apêndices

Introdução à Série Mergulho Missional

A Série Mergulho Missional tem como objetivo mostrar que nosso Deus é um Deus missional com a missão de resgatar e restaurar a humanidade e toda a sua criação. Para cumprir seu propósito e promessas missionais, Deus enviou seu Filho e depois seu Espírito sobre um grupo de homens e mulheres e a igreja missional nasceu. A Bíblia é um livro missional que conta essa história de amor transformador.

O primeiro mergulho missional foi de Deus. Começou nos diálogos no Jardim do Éden; intensificou-se no Egito, quando Deus desceu e viu o sofrimento de seu povo oprimido; continuou no seu fiel acompanhamento do povo murmurador no deserto e depois no seu consolo e advertências ao povo rebelde e desanimado no exílio e na restauração. Contudo, o auge foi no mistério da encarnação, quando Deus mergulhou no tempo e na história humana com um rosto humano (Jo 1.14; Fp 2.6-7). Jesus Cristo assumiu nossa fragilidade humana, aproximou-se da humanidade como nunca, participou integralmente da condição humana, acampou no meio de nós. Jesus inaugurou o prometido reino de paz, justiça e amor na terra, e mergulhou até morrer na cruz para nos salvar. Ressuscitou para mostrar que a missão terá sua consumação quando corpos ressurretos e almas redimidas e um novo céu e uma nova terra estarão unidos para sempre na presença da unida Trindade — Pai, Filho e Espírito Santo. Eis o mergulho de Deus nas águas salgadas do oceano agitado de nossa história. Um mergulho de amor.

"Nós amamos porque Deus nos amou primeiro" (1Jo 4.19). O mergulho de Deus em nossa história humana, de ontem e de hoje, nos convida e convoca a olhar para baixo e perceber, com profunda compaixão, um mundo imerso em situações de fome, ódio, polarizações, guerras, corrupção, ganância, doenças, violências, desigualdades e desastres climáticos.

A intenção da série é mergulhar nas profundezas desse enredo missional com uma linguagem simples, em capítulos curtos, com relevância contextual e desafios concretos para pessoas em instituições teológicas e agências missionais, para pastores e pastoras engajados na obra pastoral e missional no seu contexto. Também para grupos de estudo e para todas as pessoas que querem entender o enredo áureo da Bíblia, crescer na vida cristã, edificar e mobilizar sua igreja local e participar do mergulho missional de Deus a fim de fazer diferença na sociedade e no mundo.

O que é "missional"? Essa palavra é nova para você? De fato, não faz muito tempo que está sendo usada. Talvez você esteja pensando: De que maneira um *mergulho missional* se distingue de qualquer outro estudo das Escrituras? Vamos esclarecer.[1]

Ao pé da letra, não há distinção formal entre "missional" e "missionário". Ambos qualificam a "missão", que se refere a um

1 Para uma explicação mais elaborada, veja CARRIKER, Timóteo. *O que é igreja missional. Modelo e vocação da igreja no Novo Testamento.* (Viçosa/MG: Ultimato, 2018.)

"propósito" (os propósitos de Deus), ou ao "envio para cumprir uma tarefa". Então, por que usar duas palavras diferentes? É preciso recorrer à história do surgimento destas palavras para entender.

A palavra "missão" não está na Bíblia. O sentido dela, sim. Por isso, só se começou a usá-la nos movimentos missionários católicos e protestantes nos séculos 16 e 18. Depois veio uma distinção entre "missões" e "missão". Em 1932, Karl Barth afirmou que toda obra missionária autêntica da igreja (*missio ecclesiae*) deriva necessariamente da missão de Deus (*missio Dei*). Há uma distinção entre "missões" (da igreja) e "missão" (de Deus). Antes e acima de tudo, Deus tem uma missão. E a missão de Deus tem uma igreja.[2]

Quando o anglicano Lesslie Newbigin se aposentou do seu trabalho missionário na Índia e voltou para Inglaterra em 1974, encontrou um contexto cada vez mais avesso ao Evangelho. Ele começou a aplicar no Ocidente os princípios missionários que o guiavam na Índia para responder à pergunta: Como lidar com uma cultura diferente, não só no Hemisfério Sul, mas agora no próprio Ocidente? Depois surgiu o termo "missional". Ao mesmo tempo, tanto no Leste quanto no Sul, ganhou força uma crítica do movimento missionário e suas práticas e atitudes imperiais, ao ponto de a palavra "missionário" se tornar pejorativa e fora de uso. Com isso, o uso de "missional" cresceu e começou a dominar os centros de reflexão missionária a partir da década dos 1980 no Hemisfério Norte, e aqui no Brasil nas últimas duas décadas.

Bem... Deus é missionário. Deus é missional. A igreja é missionária. A igreja é missional. Por que, então, distinguir? Ou seja, existe alguma diferença? Sim.

2 Para mais detalhes, veja GOHEEN, Michael. *A missão da igreja hoje. A Bíblia, a história e as questões contemporâneas.* (Viçosa/MG: Ultimato, 2019) e GOHEEN, Michael e SHERIDAN, Timothy. *Tornando-se uma igreja missional. Lesslie Newbigin e o movimento contemporâneo da igreja.* (Rio de Janeiro/RJ: Thomas Nelson, 2024).

A diferença não diz a respeito à distância. Pode ser missão distante e transcultural ou local. A diferença essencial é *atitude, postura*! "Missional" é uma pista de *mão dupla*. As Escrituras nos ensinam os princípios de humildade, respeito, mutualidade e reciprocidade.[3] A igreja é também o alvo da transformação pelo Evangelho. Isso obriga a igreja a entender a tarefa missional como não somente a transformação do seu meio imediato e de longe, mas também a transformação pelo Evangelho dos membros da igreja para executar mais autenticamente a sua missão. Para reimaginar seu propósito e seus programas. Para repensar sua maneira de ser. Para assumir sua responsabilidade missional. Para dar um testemunho missional. Para demonstrar atitudes missionais.

Como será nosso estudo *missional* das Escrituras? E o que você, prezado leitor e prezada leitora, pode esperar deste tipo de estudo? Partimos do pressuposto que a Bíblia é um documento missionário ou missional. Nosso estudo ou interpretação bíblica nesta *Série* é "missional" de quatro maneiras:

1. Nossa leitura missional reconhece a *razão missional* da composição e divulgação das Escrituras. Por que existem as Escrituras? Porque Deus quer falar com a humanidade. E por que ele quer falar? Por causa da *missio Dei*. Deus tem um propósito/missão para a humanidade e por isso se comunica com ela. Tanto o Deus que se revela nas Escrituras — Criador, Trino/relacional, justo, compassivo — quanto a natureza das Escrituras em si — comunicação encarnacional, ao mesmo tempo divina e humana — estabelecem os alicerces de uma leitura missional. Tal leitura indagará a respeito dos propósitos de Deus para a criação, do relacionamento apropriado com e entre os seres humanos e

3 Veja "Atitudes de Parceria", in: GEORGE, Sherron. *Participantes da Graça: Parceria na Missão de Deus.* (São Leopoldo/RS: Sinodal, 2006.)

dos reparos da injustiça e do pecado conforme a justiça, compaixão e misericórdia de Deus. Uma leitura missional explorará como Deus se relevava, e ainda se revela, através das culturas humanas, e por isso estará também disposta a criticar tudo em nossas culturas que seja contrário aos propósitos de Deus.

2. Nossa leitura missional é missional também à medida que reconhece, como *tema central*, o propósito de Deus de resgatar a sua criação por meio de um Filho do Homem fiel/Jesus e de um povo fiel. Isto é, uma leitura missional reconhece o conteúdo central e o enredo principal das Escrituras como sendo a origem, desenvolvimento e conclusão da missão/propósito de Deus para a sua criação. Dessa forma, uma leitura missional de uma parte, texto ou livro das Escrituras indagará a respeito do papel desta parte *dentro da meganarrativa da missão de Deus que procede da criação até a nova criação e que é centrada na história de Jesus, que inaugurou esta nova criação*. Quando estudamos, por exemplo, os livros proféticos, procuramos entender como os ensinos e mensagens dos profetas se enquadram dentro da história maior das Escrituras. Uma leitura missional trata também da identidade do povo missional, pois o testemunho do povo de Deus sempre dependia e dependerá da coerência da vida e da conduta deste povo.
3. Nossa leitura missional também ressalta o *contexto missional* das Escrituras, tanto do Novo quanto do Antigo Testamento, também conhecido como as Escrituras Hebraicas. Isto é, quando todos os autores bíblicos escreveram, guiados pelo Espírito Santo, escreveram não a partir de uma postura teológica ou doutrinária "fixa", mas à luz dos seus próprios contextos. E eram contextos em que o povo de Deus já havia recebido a incumbência de ser bênção e

testemunha — logo, um contexto de missão. E mais: nossa compreensão dos contextos bíblicos entra em diálogo com os contextos e mudanças atuais.

4. Nossa leitura missional reconhece *o propósito missional de preparar* um povo para dar testemunho, o povo que leu originalmente e o povo que lê até hoje. Por exemplo, os Evangelhos, Atos e as Cartas de Paulo[4] foram escritos não só com *o propósito de equipar* a igreja daquela época para o seu engajamento missional, mas também para nos preparar hoje. Os profetas não só corrigiam as injustiças, hipocrisias e ganância de Israel, mas as nossas também. Aliás, todas as Escrituras têm este propósito missional e cabe a nós lê-las não só como sujeitos da leitura, mas como objetos desta leitura. Não somos apenas nós que lemos as Escrituras. As Escrituras *nos* leem, *nos* interpretam, *nos* exortam, *nos* convertem continuamente e *nos* enviam em missão! E nos aproximam e conformam à imagem do autor por trás dos autores... nosso Deus.

---

4 Veja CARRIKER, Timóteo e GEORGE, Sherron. *O Evangelho de Lucas: um mergulho missional*. (Londrina/PR: Descoberta, 2018), e os livros da Série Mergulho Missional, *Os Atos dos Apóstolos* (2021), *As Cartas de Paulo, vol. 1 e 2* (2022), *Os Evangelhos Sinóticos* (2023), *O Evangelho e as 3 Cartas de João* (2024), *Gênesis e Êxodo* (a ser publicado) e *Isaías* (a ser publicado). Se quiser estudar a Bíblia toda da perspectiva missional, adquira a *Bíblia Missionária de Estudo* (São Paulo/SP: Sociedade Bíblica do Brasil, 2021). Trabalhamos juntos como coeditores da versão atualizada (a ser publicada), contribuindo notas, reflexões e introduções de cada parte sob o prisma missional. É uma ferramenta essencial para pessoas que se engajam na missão de Deus na sua comunidade ou em outros lugares.

Introdução ao Mergulho Missional em Apocalipse

O livro de Apocalipse é o último livro da Bíblia c assim, se cremos que há um só autor guiando todos os autores das Escrituras, o Espírito Santo, isso ganha significância imensurável. Por quê? Porque, por um lado, a Bíblia é uma biblioteca de livros escritos por pessoas bem diferentes, em épocas bem distantes, em culturas diferentes, em três línguas distintas, e cada livro com múltiplas histórias. Isso favorece *em muito* a possibilidade de muitas mensagens diferentes. Por outro lado, a Bíblia tem *um só Autor Mestre* por trás destes múltiplos autores, o que possibilita uma mensagem mestre, do tipo que encontramos em uma série de filmes, como *Guerra nas Estrelas*. Muitas histórias, sim, mas com um só enredo mestre. Certo?

Agora, como se descobre o enredo mestre de uma boa história contada? Pense nos filmes que você já assistiu mais de uma vez. Por que você *entende* certas cenas de um filme melhor na segunda vez que você assiste ou somente depois de chegar ao final do filme? Sabe por quê? Porque é o final de um filme — pelo menos aqueles que não contemplam uma sequência — que finaliza a história. Isso é óbvio, certo? É o fim que conclui a história e "amarra" todas as cenas. É por isso que há alguns filmes que gostamos de assistir *várias* vezes.

Então, é só aplicar esse mesmo princípio simples à Bíblia, quando se considera a Bíblia como uma mega história por trás de todas as diversas histórias. Daí, para acertar no enredo mestre a gente pergunta como o enredo *finaliza*. Essa é a importância do livro de Apocalipse! E mais ainda quando reparamos que os últimos três capítulos da Bíblia, Apocalipse 20 a 22, sobre a derrota da maldade e a visão da nova criação, concluem os primeiros três capítulos da Bíblia, Gênesis 1 a 3, acerca da criação e da entrada da rebelião contra Deus e a recusa do mandato criacional nessa bela criação[5]. Apocalipse, de fato, traz à conclusão tudo que o precede: todo o Antigo Testamento[6] e toda a tradição até então (o restante do Novo Testamento).

> ...o Novo Testamento termina onde o Velho Testamento começou, com a criação, mas agora uma renovada criação. O Apocalipse fala da vinda de "um novo céu e uma nova terra". Não é, todavia, um exagero afirmar que tanto a origem, como o fim da revelação de Deus tem um alcance além da Igreja. O Criador pretende nada menos do que o estabelecimento de sua total soberania sobre tudo que fez."[7]

5 A queda humana descrita em Gn 3.1-7 era uma desobediência dupla a Deus: 1) à ordem imediata de não comer do fruto da árvore do conhecimento do bem e do mal em Gn 2.17 e 2) à ordem anterior e primordial de "sujeitar" toda a criação, inclusive serpentes em Gn 1.26. Apocalipse 20 relata a derrota e julgamento finais dessa serpente.

6 Há mais de 500 alusões ao Antigo Testamento nos 404 versículos do livro de Apocalipse.

7 *Da Introdução ao livro de Apocalipse na Bíblia Missionária de Estudo. (São Paulo/SP: Sociedade Bíblica do Brasil, 2014): 1341.*

Veja a simetria invertida das duas sequências:

1. Criação/humanidade afirmada: Gn 1.1 – 2.4

2. Criação/humanidade elaborada: Gn 2.5-25

3. O mal invade a criação: Gn 3

3^1. O mal é destruído: Ap 20

2^1. A nova criação/humanidade é afirmada: Ap 21.1-5

1^1. A nova criação/humanidade é elaborada: Ap 21.6 – 22.7

Mas estamos sugerindo que o livro de Apocalipse é fácil de entender? Claro que não. Calvino escreveu comentários sobre todos os livros do Novo Testamento *menos Apocalipse.* Lutero, no seu primeiro prefácio de um livro sobre Apocalipse expressou sérias dúvidas sobre o caráter profético do livro. John Wesley, no seu famoso *Notas explicativas sobre o Novo Testamento*[8], simplesmente passou adiante as ideias de Johannes Bengel e ainda dizia que Bengel não era necessariamente correto nas suas interpretações. Até hoje muitas pessoas consideram o livro de Apocalipse o mais difícil dos livros bíblicos para interpretar. Sentem-se bem com os Evangelhos, Atos e Paulo, mas chegando em Apocalipse, sentem-se como peixes fora da água. Na verdade, o livro de Apocalipse *oferece uma das visões mais claras e definidas do propósito último de Deus para a criação toda* e da maneira que as forças poderosas do mal, ativas em todos os lugares, inclusive nos sistemas políticos tirânicos e idólatras (não só fora, mas também dentro da igreja... daquela época e hoje!), podem ser e serão conquistadas pela vitória de Jesus Cristo junto com a vitória custosa dos seus discípulos e discípulas.

Mas boa parte da dificuldade de entender o livro de Apocalipse é que não estamos acostumados com o *tipo de linguagem* que este livro usa.

8 WESLEY, John. *Notas explicativas de John Wesley (NT): Apocalipse*. E-book. (Belo Horizonte/MG: Editora Filhos da Graça, 2020.)

Timóteo: "Isso me lembra de uma experiência que tive logo que cheguei ao Brasil, no final de 1977, com os meus 25 anos e recém-formado do seminário. O que aconteceu teve muita influência sobre a maneira pela qual me aproximo das Escrituras, e assim vale a pena contar. Estava havia apenas uma ou duas semanas no Brasil quando uma senhora (que depois veio a ser minha sogra!) convidou-me e a outro missionário recém-chegado para tomar um chá na casa dela à noite. Lá fomos nós, animados com a nova aventura em um novo país, mas sem saber nada dos costumes. Foi uma noite bem agradável e já um pouco tarde agradecemos muito e procuramos nos despedir. Mas, para a nossa surpresa, a senhora se levantou e nos disse: 'É cedo, fiquem mais um pouco'. Lógico, nós não queríamos ofendê-la ou agredir qualquer costume que desconhecíamos e por isso, permanecemos mais. Passou um tempo e fizemos a segunda tentativa. Mas ela falou a mesma coisa e assim nós obedecemos humildemente e permanecemos mais. Essa cena se repetiu algumas vezes até que percebemos, já bem tarde, que o protesto dela, 'é cedo', estava enfraquecendo, e então a ficha caiu. Não era para levarmos a expressão ao pé da letra! E não que ela estivesse mentindo... até porque não era mais 'cedo'. Simplesmente era uma gentileza, até bonita, brasileira."

Pronto, vivendo estes anos todos em outra cultura só reforçou aquela primeira lição: nem sempre devemos entender uma afirmação literalmente. Um problema grave na interpretação bíblica hoje. Antes precisamos entendê-la *dentro do seu contexto histórico e cultural*. E este princípio vale mais ainda para a interpretação das Escrituras, escritas em épocas e culturas bem diferentes das nossas. Agora, isso não significa que nunca iremos entender um livro como Apocalipse por ser um gênero literário que usa muitas bizarras figuras de linguagem. Podemos, sim, entender bastante, especialmente com o nosso conhecimento de:

1. as situações históricas e teológicas deste tipo de literatura;
2. outros livros apocalípticos (que seguem o mesmo gênero)[9];
3. outras passagens que tratam do mesmo assunto no Novo Testamento[10] fora de Apocalipse, e
4. considerando como Apocalipse conclui as Escrituras todas[11].

Por exemplo, quando eu, Timóteo, fiz os meus estudos doutorais, gastei um ano inteiro (1987) só lendo esta literatura dentro e fora da Bíblia. Assim, consegui entendê-la melhor.[12] Vamos compartilhar um pouco sobre isso ao longo deste livro que o leitor e a leitora têm em mãos. Mas antes vale lembrar aqui de alguns princípios básicos de como interpretamos melhor a Bíblia e especificamente como interpretamos o livro de Apocalipse.

Como interpretar melhor a Bíblia

Vamos nos lembrar do básico. *Primeiro*, o Novo Testamento interpreta o Antigo Testamento justamente porque a revelação de Deus nas Escrituras é *progressiva*. Como em um bom filme, a cada cena avançamos na nossa compreensão do que está acontecendo. Apocalipse está, no fundo, interpretando o Antigo Testamento e, assim, *avançando* em suas ideias.

9 Especialmente Ezequiel, Daniel e Isaías que o livro de Apocalipse tanto cita.

10 Especialmente o ensino de Jesus no Sermão do Monte das Oliveiras (também conhecido como o Pequeno Apocalipse: Mt 24 – 25, Mc 13 e Lc 21), sua despedida no Dia de Pentecostes (At 1.1-11) e o ensino de Paulo (Rm 9 – 11; 1Co 15.20-28; 1Ts 4.13 – 5.11; 2Ts 1.3 – 2.12). Para uma análise detalhada destas últimas, veja CARRIKER, Timóteo. *A missão apocalíptica de Paulo. Uma hermenêutica missiológica.* (São Paulo/SP: Abba Press, 2007.)

11 Com atenção aos relatos da criação e da entrada do mal dentro dela, especialmente em Gn 1 a 3.

12 Uma versão mais resumida dessa pesquisa, inclusive um capítulo sobre como funciona este gênero de literatura apocalíptica, você encontra no livro acima citado: *A missão apocalíptica de Paulo*.

Em *segundo* lugar, os textos de boa prosa e especialmente textos didáticos, isto é, redigidos em uma linguagem mais direta e com o propósito de explicar, esclarecem os textos escritos com metáforas. Ou seja, prosa ajuda a interpretar poesia. Na prática, isso significa que recorremos, quando necessário, a textos mais prosaicos e didáticos[13] para nos ajudar a entender Apocalipse. Nosso pressuposto é que as Escrituras têm como autor mestre o Espírito Santo. Por isso, supomos, a princípio, que não estão falando coisas contrárias, mesmo falando *de maneiras* distintas.

E *terceiro*, ao longo das Escrituras Deus sempre se revelou por meio de uma linguagem que utilizava figuras, símbolos e metáforas *que a sua audiência pudesse entender*. Só que há múltiplas audiências, a audiência *inicial* e todas as *posteriores* ao longo da história, inclusive nós. Percebe-se tranquilamente que algumas, até muitas passagens bíblicas, foram interpretadas de diversas maneiras ao longo da história. Isso, em si, já deve nos alertar para a importância de procurar, inicialmente, entender aquilo que a audiência *original* teria entendido e somente depois construir uma interpretação fiel à da audiência inicial e relevante para nós. Por isso é tão importante, à medida do possível, tentar esclarecer o contexto histórico.

Guarde estas três observações básicas sobre a arte da interpretação das Escrituras.

Como interpretar o livro de Apocalipse

Não queremos complicar. Vamos ser diretos. Se levarmos *a sério* o que este livro *diz claramente* a respeito dos seus destinatários, teremos que sempre pensar sobre o que o livro pode significar *para esta audiência* já bem especificada. E que audiência é esta? Em Apocalipse 1.1 a audiência é genérica — *aos seus servos* —

13 Veja a nota 9 acima.

o que nos inclui também. Mas continuando a nossa leitura, logo descobrimos que Apocalipse é endereçada especificamente *às sete igrejas que estão na província da Ásia* (Ap 1.4), mais precisamente no Oeste da província da Ásia.[14] É simplesmente inegável que esta é a situação histórica específica dos primeiros três capítulos e *não há nada que indique que isso muda para o resto do livro de Apocalipse.* Muito pelo contrário. Tanto o início quanto o término do livro dizem claramente que a revelação é a respeito de coisas que "*em breve* devem acontecer" (1.1; 22.6). Essas afirmações formam uma moldura para o livro todo e têm que ser levadas a sério. Não se divide o livro em duas partes, uma sobre o passado (capítulos 1 a 3) e outra sobre o futuro (capítulos 4 a 22). Não. O contexto histórico das sete igrejas e a mensagem de Jesus para elas formam o contexto do livro todo. Somente a partir deste contexto podemos indagar sobre a história consequente, inclusive o nosso presente e futuro. Onde estamos querendo chegar? Preste atenção.

A abordagem que vamos fazer talvez seja um "ensinamento novo" para você, como foram as releituras e contextualizações de Jesus nas bem-aventuranças, no Sermão do Monte e em geral (Mt 5-7; Mc 1.22,27). Abra seu coração e sua mente. Será um ensino, uma interpretação que nos levará para um novo patamar no conhecimento e na comunhão com o Cristo cósmico que reina. Um ensinamento libertador que desconstrói ideias e usos errados que amedrontam, especulam e confundem. Para reconstruir ensinamentos que fortalecem e desenvolvem nossa salvação, fé e esperança. Embarque conosco. Vale a pena crescer.

Também é essencial e necessário levar em conta a *situação histórica* do livro de Apocalipse a fim de entender sua mensagem para seus primeiros leitores e evitar interpretações equivocadas que não levam em conta esse contexto. Deduzimos este contexto de dois lugares:

14 "Ásia" era o nome dado pelo Império Romano à região que hoje chamamos de Turquia.

1. do conteúdo das cartas escritas para as sete igrejas históricas, e
2. na identificação das metáforas dentro da perspectiva judaico-cristã antiga na qual as mesmas metáforas são usadas ou os mesmos conceitos, desenvolvidos.

João morava na Ásia e era um líder importante destas igrejas. Foi exilado para a pequena ilha de Patmos próxima à região *justamente por causa da mensagem* que ele estava passando para *aquelas* igrejas. A mensagem era que os cristãos e as cristãs não podem participar:

1. da adoração do imperador nos templos que estavam sendo construídos *em escala muito grande* nesta região, e
2. muito menos de um sistema judaico corrupto de templo sediado em Jerusalém.[15]

Perigos por fora e por dentro. Esta mensagem é especialmente importante diante do fato de que esta região estava se tornando o centro do cristianismo, que antes estava em Jerusalém.

É tão importante que começaremos o nosso estudo falando destas coisas porque, novamente, se trata do ponto climático de todas as Escrituras e assim, precisamos de todo o cuidado. Então, vamos iniciar a nossa caminhada pelo livro do Apocalipse.

15 Vamos explicar melhor esses dois perigos. 1) Esse culto ao império era uma espécie de idolatria. 2) Os ensinos de João Batista e de Jesus nos Evangelhos, as múltiplas alusões aos livros de Ezequiel, Daniel e Isaías e outras tradições judaicas-proféticas apontam para a identificação da Grande Prostituta de Apocalipse 17 e 18 com Jerusalém (e não Roma) e o sistema corrompido do Templo. Isso sugere fortemente que a data de Apocalipse seria pouco antes da destruição do Templo em 70 d.C. Nós entendemos que este é o contexto maior da revelação dada por Jesus para João, assumidamente uma figura profética (Ap 1.3). Daremos mais detalhes ao chegarmos a Apocalipse 17 e 18.

Prólogo

Apocalipse 1.1-3

1

O quê? Para quem? Para quando?

Apocalipse 1.1-3

Revelação de Jesus Cristo, a qual Deus lhe deu para mostrar aos seus servos as coisas que em breve devem acontecer e que ele, enviando o seu anjo, deu a conhecer ao seu servo João, que atestou a palavra de Deus e o testemunho de Jesus Cristo, quanto a tudo o que viu. Bem-aventurado aquele que lê, e bem-aventurados aqueles que ouvem as palavras da profecia e guardam as coisas nela escritas, pois o tempo está próximo. — **Apocalipse 1.1-3**

O *título* deste último livro da Bíblia na maioria das versões publicadas é "Apocalipse de João" ou simplesmente "Apocalipse". Entretanto, nas cópias mais antigas do livro, não há título algum. Assim, é melhor derivar o título das primeiras três palavras na língua original (e nas traduções em português!): *Apocalipse de Jesus Cristo*. Este "*de*" no título pode ser entendido de três maneiras e todas as três são válidas de acordo com o conteúdo do livro. É um apocalipse (literalmente, um "desvendamento" ou "revelação"):

1. *sobre quem* Jesus Cristo é;
2. *dado por* Jesus Cristo;
3. de Jesus Cristo *sobre as coisas que em breve devem acontecer* (Ap 1.1).

Cada um destes três aspectos do "título" é chave para a interpretação do livro todo e *não pode ser esquecido.*

Um apocalipse sobre quem Jesus Cristo é

Anote a palavra principal desta frase: "é". Isto é, quem Jesus Cristo ***é*** "hoje", no caso, o "hoje" de João que, por sinal, é o mesmo que Jesus Cristo é no nosso hoje. Mas, uma novidade, é diferente do Jesus revelado nos Evangelhos, por meio do qual conhecemos o nascimento, crescimento e ministério do Jesus *histórico.* Aprendemos seus ensinamentos. Procuramos "agir como Jesus agia". Depois contemplamos e celebramos sua morte, ressurreição e ascensão. Este é o Jesus que está na cabeça da maioria de nós, pois esta é a figura dominante nos quatro Evangelhos. Isto é bom e vamos continuar a nos aprofundar sempre. Contudo...

Vamos além. Há muito mais para aprender. Somos como os discípulos e discípulas em Atos 1.10,11 depois que o Jesus histórico foi embora. E daí? Qual a importância da ascensão?

> Sherron: Esta foi a pergunta doutrinal no meu exame para ordenação pastoral em 1986. Naquele semestre eu tinha feito uma matéria no seminário sobre Lucas-Atos na qual o professor enfatizou a ascensão com elo teológico entre os dois livros. Escrevi sobre a importância do Espírito Santo

> e a missão da igreja. Passei. Agora estudando, meditando e escrevendo sobre Apocalipse estou fazendo uma nova experiência profunda do Cordeiro que venceu, subiu, não perdeu sua humanidade e está no céu reinando, protegendo e julgando. É com essa nova perspectiva que leio agora muitas profecias do Antigo Testamento e algumas falas de Jesus nos Evangelhos, como certas parábolas e seu discurso de despedida em João 13 a 17. Por exemplo, quer ver um resumo de Apocalipse? 'No mundo, vocês passam por aflições; mas tenham coragem: eu venci o mundo' (Jo 16.33)."

Pense em Paulo. Ele não conhecia o Jesus histórico. Em suas cartas a imagem de *Cristo cósmico* começa a aparecer e dominar.[16]

O que você sabe sobre o Cristo cósmico? Quanta intimidade você tem com o Cristo glorificado no céu? Tem contemplado sua glória e soberana majestade? Tem comunhão com ele? Se não, está perdendo muito! Paulo, como João, teve literalmente um apocalipse.[17] Paulo, correta e incansavelmente, enfatiza o Jesus crucificado e ressurreto que ele conheceu na estrada para Damasco. Digamos que Paulo nos oferece um aperitivo e João nos serve um banquete. O convite está feito. Vamos degustar!

O caso de João é singular. O Cristo revelado é Cristo cósmico em toda a sua glória, mesmo quando revelado como o Cordeiro de Deus, é o título mais usado para Cristo no livro de Apocalipse. E o Cristo cósmico é justamente aquele que é revelado para João já a partir do primeiro capítulo de Apocalipse e continua sendo revelado até o final do livro. Se você e nós somos discípulos e discípulas de Jesus, não podemos enfatizar o suficiente que este é o Cristo que seguimos.

16 Ef 1.9-10, 20-22; 3.7-16; Fp 2.5-11; Cl 1.15-20. Veja mais detalhes em GEORGE, Sherron e CARRIKER, Timóteo, "A missão cósmica do Cristo vitorioso", in: GEORGE e CARRIKER, *As Cartas de Paulo, Vol. 2*.

17 Paulo usa a mesma palavra grega, *apokalypsis*, em Gl 1.12 (compare 2Co 12.2).

O Cristo ressurreto que "subiu aos céus e está sentado à direita de Deus Pai", *já* reina e *ainda* voltará. Você pode dizer que o Jesus dos Evangelhos é quem seguimos e isso não deixa de ser a verdade. Entretanto, *hoje*, o hoje de João e o nosso hoje, Cristo *é* aquele revelado para João *e para os "seus servos"* (Ap 1.1). E pense bem: com *esta* visão de Cristo a Bíblia inicia o seu término, a sua conclusão.

Um apocalipse dado por Jesus Cristo

No Novo Testamento temos o Evangelho de Mateus, Marcos, Lucas e João. Temos cartas de Paulo, Pedro, Tiago, Judas, e o autor ou autora de Hebreus. E, por fim — e que *grand finale*! — temos uma revelação de Jesus Cristo glorificado! Medite bem nisso como traços de estilo de carta: a Carta de Revelação de Jesus Cristo! Captou? Entendeu o tamanho da significância disso? Você já tinha pensado ou ouvido isso? Está lá.

Agora, não estamos sugerindo que este livro seja mais *inspirado* que os outros livros da Bíblia. Não. *Toda a Escritura é inspirada por Deus e útil para o ensino, para a repreensão, para a correção, para a educação na justiça, a fim de que o servo de Deus seja perfeito e perfeitamente habilitado para toda boa obra* (2Tm 3.16-17). Mas o fato de o livro de Apocalipse ser o último no cânon bíblico e, assim, uma *conclusão* centralizada na revelação de Jesus Cristo e as coisas que *breve* estão por vir, isso obviamente demanda a nossa atenção dobrada.

Um apocalipse sobre "as coisas que em breve devem acontecer"

Prestemos atenção à qualificação "em breve". A palavra que traduz "breve" é *taxos*. Significa também "rapidamente", "imediatamente" e "sem demora". E *sempre* significa isso (Lc 18.8; At 12.7; 10.33; 17.15; 22.18; 25.4; Rm 16.20; 1Tm 3.14). Claro que "breve" pode ser relativo: já, em poucos minutos ou horas ou dias.

Mas certamente não "em alguns séculos"! Isso pode ser difícil de engolir para muitos de nós, que nos acostumamos a acreditar que este livro está falando ainda do *nosso* futuro... que nada seria "breve" para os leitores originais do livro. Mas os próprios primeiros capítulos — que contêm cartas escritas para as igrejas da Ásia Menor *daquela época* — deveriam nos alertar para o fato de que a revelação deste livro diz respeito primeiramente a eventos que iriam acontecer *naquela época*. Isso não significa que não fala também de cumprimentos destes eventos e até de acontecimentos em um período futuro mais distante. Entretanto, podemos e devemos sempre perguntar como esta revelação evidenciou coisas que *já* aconteceram, *mesmo que parcialmente*. Se não, trairemos a própria orientação inicial deste livro.

Pronto. Que mais podemos aprender destes primeiros três versículos? Algo sobre o mensageiro João. E algo sobre como os leitores devem ler o livro.

Ao servo João...

É natural identificar o autor de Apocalipse com o apóstolo João, como fizeram vários líderes da igreja do século 2. Entretanto, o próprio livro de Apocalipse não diz que seu autor, João, era apóstolo. Aliás, se os 24 anciãos de Apocalipse 4.4 representam os 12 patriarcas de Israel e os 12 apóstolos de Jesus, João não se inclui nesse número. No livro, João é chamado de *servo...que atestou a palavra de Deus e o testemunho de Jesus Cristo, quanto a tudo o que viu* (Ap 1.2). João se identifica com os profetas que também são chamados de "servos" (Am 3.7; Ap 10.11; 22.9). Tudo indica que este João era um *profeta* da Igreja Primitiva e líder importante nas igrejas da Ásia Menor. O grego usado para escrever Apocalipse mostra muito vínculo a aramaico e assim sugere que João era da Palestina. Mais ainda, o gênero literário conhecido como *apocalipse* que este João usou, era corrente e possivelmente originário do judaísmo palestino. Este João possuía e escrevia com posturas escatológicas bem fortes, que incluíam uma crítica severa contra a liderança corrupta do Templo. Além de conhecer bem, acima de tudo, os discursos apocalípticos de Jesus (Mt 23; Mc 12; Lc 20), o autor da revelação que ele recebeu — talvez o "profeta" João — conhecesse alguns discípulos de João Batista (como os em Atos 19.1-7), Paulo (ou suas cartas) e até o revolucionário João de Giscala.[18]

Vinculada à identidade de João, mas não dependente dela, é a questão mais importante da data do livro de Apocalipse. É importante esclarecer aqui que não há um consenso entre os biblistas formados em Novo Testamento a respeito destas duas questões:

1. se este João é o apóstolo ou se era outro líder importante da região do oeste da Ásia;
2. a data, e por consequência, o contexto histórico do livro de Apocalipse.

A maioria dos estudiosos identifica João como outro líder sem ser o próprio apóstolo, mas a sua identidade não muda a *mensagem* de Apocalipse. Muitos entendem que Apocalipse foi escrito muito depois da morte dos apóstolos, *no final do primeiro século*, durante as perseguições do imperador romano Domiciano.

Nossa compreensão, entretanto, é que Apocalipse foi escrito entre 68-69 d.C., logo depois da morte do Imperador Nero e antes da destruição do Templo em 70 d.C. Era um período de grande crise quando parecia que o mundo ia acabar. Em 62, Roma sofreu derrota no Leste pelos partas.[19] Em 64, um incêndio imenso causou estrago em Roma. Em 66 havia uma série de revoltas contra Roma, a Revolta Judaica em 66, a Revolta Gaulesa em 68 e a Germânica em 69. E a Roma ainda passou por uma guerra

18 Um dos maiores líderes dos zelotes durante a Revolta Judaica contra Roma na década de 60 d.C. Veja JOSEFO, Flávio. *A Guerra dos Judeus*. (São Paulo/SP: Pillares, 2022): 4.3.

19 O Império Parta ou Parto (247 a.C.–224 d.C.), também chamado Império Arsácida, foi uma das principais potências político-culturais iranianas da Pérsia Antiga. (N. de Revisão)

civil em 68 depois da morte de Nero. Além de tudo isso, como já destacamos, o centro institucional da fé judaica, o Templo, havia se corrompido aparentemente além de reparo. Era a hora de um grande basta, o Dia do Julgamento de Deus.

A base desta posição está principalmente no uso das metáforas que João viu no seu apocalipse dentro da *sua* perspectiva judaico-cristã, especialmente a identidade destas metáforas no Antigo Testamento e uma reflexão sobre o conceito por trás destas metáforas no Novo Testamento. A principal metáfora é a Prostituta da Babilônia (*pornē*) de Apocalipse 17 e 18, que deve se referir à Jerusalém apóstata e não a Roma.[20] Apresentaremos a base para esta interpretação mais adiante, quando chegarmos às passagens relevantes de Apocalipse. Por enquanto, apenas observamos que essa interpretação realça a parte da mensagem de Apocalipse que adverte o povo de Deus a permanecer como testemunha fiel, não se entregando aos valores nem dos líderes corruptos do Templo em Jerusalém, nem aos valores do império contrário aos valores do Reino de Deus.

Também é significativo que o livro não mencione a destruição do Templo, que ocorreu no ano 70 d.C. Esta destruição era de tal magnitude que acabou transformando o futuro imediato do judaísmo até hoje. Das duas instituições que definiam a identidade judaica, a Lei e o Templo, com o seu sistema de sacrifícios, este último foi eliminado, deixando em proeminência o partido conhecido pela interpretação da Lei, os fariseus. As três ramificações principais do judaísmo hoje — o judaísmo ortodoxo, o judaísmo conservador e o judaísmo reformado — todos, junto com os seus escritos[21], são herdeiros do movimento rabínico procedente

20 Uma das melhores elaborações dessa interpretação, com muito detalhamento de fontes históricas, se encontra em WHEATLEY, Warren. *Historical and Theological Backgrounds of the Whore of Babylon in Revelation 17 & 18 in a Jewish Context.* Tese de Mestrado de Artes na área da história. (Denton/TX: University of North Texas, 2013.) Disponível em: https://cutt.ly/1e41qge9 (site em inglês. Acesso em 29/01/2025).

21 Por exemplo, a Mishná e a Toseftá (compiladas a partir de materiais anteriores ao ano 200 d.C.) e os dois Talmudes (c. 450 e c. 600).

direto dos fariseus. Ou seja, a destruição do Templo pelos romanos transformou o judaísmo para sempre e simplesmente não poderia ser ignorado no livro de Apocalipse, que justamente fala tanto de julgamento... a não ser que tenha sido escrito *antes*.

Bem-aventurado aquele que lê

Os leitores e leitoras, tanto os antigos quanto você e nós, somos chamados logo no terceiro versículo do livro. E recebemos uma bênção, pelo menos uma bênção *condicionada*: *Bem-aventurado aquele que lê*... Somente quem lê? Não. Leiamos mais: *e bem-aventurados aqueles que **ouvem** as palavras da profecia e **guardam** as coisas nela escritas*... Não basta ler passivamente só para registrar as palavras, só para cumprir a leitura da Bíblia em um ano! Não, leitura sem escuta não vale. É preciso *ouvir* e ouvir implica entender. Por isso preste muitíssima atenção. Mastigue o texto. Tente entender como os primeiros leitores entenderam e depois se pergunte: "O que fala para nós hoje?"

Isso já seria ótimo, mas ainda não é suficiente. É preciso ***guardar*** as coisas escritas neste livro. Guardar significa claramente que há instruções para seguir que são claras, mesmo que nem tudo neste livro seja tão claro. Mas algumas coisas *são* claras, e devemos obedecer e guardar. Nossa tarefa neste livro é focar justamente "as coisas escritas" que claramente podemos e devemos guardar. Em resumo, guardar uma postura que nos mantém como testemunhas fiéis. Vamos nessa?

Para reflexão

Leia Atos 1.9; Efésios 1.9-10, 20-22; 3.7-16; Filipenses 2.5-11 e Colossenses 1.15-20. Feche os olhos e use sua imaginação para contemplar o Cristo que subiu e foi encoberto pela nuvem e que reina hoje. Pense e depois adore e fale com esse Cristo cósmico.

1° sete

Sete candelabros

Apocalipse 1.4-20

2

Pense em Jesus glorificado

Apocalipse 1.4-20

João, às sete igrejas... — **Apocalipse 1.4**

Eu, João, irmão e companheiro de vocês na tribulação, no reino e na perseverança em Jesus, estava na ilha chamada Patmos, por causa da palavra de Deus e do testemunho de Jesus. Achei-me no Espírito, no dia do Senhor, e ouvi atrás de mim uma voz forte, como de trombeta... — **Apocalipse 1.9-10**

Voltei-me para ver quem falava comigo e, ao me voltar, vi sete candelabros de ouro e, no meio dos candelabros, um semelhante a um filho de homem, com vestes talares e cingido, à altura do peito, com um cinto de ouro. — **Apocalipse 1.12-13**

Quem diz que Apocalipse não usa símbolos e sempre fala literalmente não sabe como a literatura apocalíptica antiga funciona, ou nunca *leu*, ou simplesmente *ignorou* o que Apocalipse diz. Por exemplo, chamar Jesus de Cordeiro de Deus ou Leão de Judá *obviamente* não significa que Jesus era um bicho, muito menos uma combinação de cordeiro e leão. Ou falar dos sete espíritos de Deus (1.4; 3.1; 4.5; 5.6) não significa que o Espírito de Deus seja sete. Para os judeus os números têm significados além do quantitativo. O número sete (como três e dez) se refere a compleição, plenitude. O livro de Apocalipse é organizado em sete grupos de sete. Isso, para o leitor original, comunicava que esta revelação era "perfeitamente perfeita" ou "plenamente completa e verdadeira".

Então, como entender a referência a *sete igrejas*? Por serem especificadas histórica e geograficamente nos capítulos 2 e 3, com certeza são *literalmente* sete igrejas históricas que formavam o miolo do movimento cristão naquela época. Só sete são mencionadas porque estas sete *também* representam todas as igrejas *ao longo da história* — o número *pleno* de igrejas — e sua história se aplica às igrejas de todos os tempos e de todo lugar.

Agora, a revelação que João recebe não é tanto uma revelação de todas as igrejas — embora seja isso também — mas antes e mais que isso é uma revelação *de Jesus*, especialmente como Jesus *é hoje*, glorificado. Quem lê a Bíblia conhece bastante como Jesus *era*, especialmente nos Evangelhos e no início do Livro de Atos: seu nascimento, seu ministério, seus ensinamentos, seus milagres e a sua morte e ressurreição. Esta é a imagem que fica fortemente nas nossas mentes. E Jesus *HOJE*? O Jesus ressurreto e glorificado que subiu aos céus e está sentado ao lado direito do Pai? Você pensa em Jesus como está hoje? Provavelmente você pensa no Jesus dos Evangelhos, mesmo sabendo que ele está no céu. Por que será? Claro que é mais difícil imaginar Jesus no céu.

Mas existem várias imagens de Jesus nas Escrituras depois da sua ascensão: diante dos seus discípulos (At 1.9-11), na visão de Estêvão (At 7.55-56), no encontro de Paulo com Jesus na estrada para Damasco (At 9.3-9), no seu arrebatamento até o terceiro céu (2Co 12.1-4), e nesta visão de João de Patmos em Apocalipse.

Nenhuma destas ocasiões descreve um encontro confortável e aconchegante entre dois amigos íntimos! Não. O clima é mais sóbrio, sombrio, misterioso, até assustador. Por quê? Porque se encontra diante de um ser tão poderoso e tão magnífico, que simplesmente não há palavras ou imagens adequadas para descrever o encontro, ou até reproduzi-lo para as outras pessoas. Isso fica especialmente evidente no encontro de João com Jesus. A frase fácil e popular entre cristãos, "Deus me disse...", simplesmente não descreve a situação. Algo muito mais profundo está acontecendo. E como Jesus é revelado?

A revelação de Jesus

Primeiro, ele é revelado por nome. Ele é *a Fiel Testemunha*, o *Primogênito dos mortos*, e o *Soberano dos reis da terra* (Ap 1.5; Sl 89.27). Cada um destes três nomes faz parte da *mensagem* maior do livro de Apocalipse. Por exemplo, assim como Jesus fielmente deu a sua vida como um mártir — a tradução literal de "testemunha" — também seus seguidores nas sete igrejas e todos os seguidores/as desde então também precisam estar dispostos a sofrer por sua fé (fielmente). Ao mesmo tempo, quem sofreu ao ponto de morrer é aquele que hoje *vive sem morrer mais*. Assim, seus seguidores também têm a segurança de que o seu sofrimento e até sua morte não ficarão por isso mesmo, mas ressuscitarão com Cristo no seu retorno. E finalmente, o último título é revelador: *Soberano dos reis da terra,* o título que os imperadores romanos davam a si mesmos, mas aqui é usado para afirmar o domínio universal de Cristo. Os governos que se colocam como inimigos do povo de Deus não persistirão. Jesus é o Soberano sobre todos estes que um dia serão julgados pelo bem e pelo mal que promovem, como já fora previsto (Dn 7.14; Sl 72.8-11; 89.27; Is 24.21; 49.6-7; 52.15; 59.18-19). Logo, novamente, os seguidores/as de Jesus precisam permanecer fiéis mesmo diante dos governantes que queiram ultrapassar os limites de governança que Deus estabeleceu.

Agora João fala de três resultados destes três títulos para o povo de Deus. Primeiro e acima de tudo, somos *amados* por Jesus (v. 5)! Esse já poderia ser o fim da conversa, mas há mais... muito mais. Somos, por meio da morte de Cristo, *perdoados* e *libertos* dos nossos pecados (v. 5). "Perdoados" se refere ao mal que fizemos. "Libertos" se refere à tendência ainda presente de continuar a fazer o mal. E como *amados, perdoados e libertos* temos uma **incumbência**. Ou seja, não somos *apenas* privilegiados/as. Somos também responsabilizados/as. E qual é a responsabilidade? Este é o terceiro resultado dos títulos de Jesus, especialmente do terceiro: Jesus *nos constituiu reino, sacerdotes para o seu Deus e Pai* (v. 6), uma clara alusão à comissão missional dada no Monte Sinai via Moisés em Êxodo 19.6. Um sacerdote tem o papel de interceder a favor dos outros, ou seja, a favor de *toda a terra* (Êx 19.5).[22] Isso também se aplica à explicação de João.

Em seguida, João anuncia a sua visão de Jesus glorificado (*vem com as nuvens* [v. 7], como foi em Atos 1.9-11), que vem inclusive para julgar. Julgar? Não é o Cordeiro de Deus que vem para salvar? Também, mas a primeira revelação é a vinda como Juiz: *todas as tribos da terra se lamentarão* (v. 7) e *"Eu sou o Alfa e o Ômega"* ... *"aquele que é, que era e que há de vir, o Todo-Poderoso"* (v. 8). Ou seja, muito antes e muito depois dos Neros,

22 Veja CARRIKER, Timóteo e GEORGE, Sherron. *Gênesis e Êxodo: um mergulho missional* (a ser publicado.)

Domicianos, Hitlers e qualquer governante que queira ultrapassar seu papel de *servo* público, Deus (em Jesus) sempre existiu e sempre existirá como ***o*** (único) *Todo-Poderoso*.

Agora a visão em si.

Primeiro, João lembra os seus ouvintes do *contexto* da visão: a tribulação deles, o exílio dele, a perseverança de Jesus e o seu martírio (a palavra traduzida como "testemunho"). Um contexto *histórico* de cada um (v. 9).

Segundo, a visão tem endereço *local* e *histórico*, as igrejas do Oeste da Turquia: Éfeso, Esmirna, Pérgamo, Tiatira, Sardes, Filadélfia e Laodiceia. E lembre-se, também o endereço aponta para *universal,* mas não menos *histórico*. Como? Por meio da palavra "sete", que no mundo daquela época indicava completude. Afinal, havia mais de sete igrejas cristãs naquela região (p.ex., Hierápolis, Colossas [Colossos???] e Troas [Trôade???]). Ao especificar *estas* sete, João deixa clara a situação histórica *da sua época*, mas ao indicar "sete", também aponta para a relevância *daquele* contexto para toda a história subsequente. A visão de Jesus (*filho de homem,* v. 13) no meio destas igrejas (*candelabros*, vv. 12-13, 20)[23] garante a solidariedade de Jesus com o seu povo em toda e qualquer situação, por pior que pareça. Ponto importante: essa visão transmite a certeza de que Jesus ressurreto está corporalmente no céu, mas continua presente no meio das igrejas.

A descrição de Jesus glorificado é uma união de duas figuras reveladas para Daniel, Deus como Ancião de Dias (7.9-10) e o Filho do Homem que fica ao lado de Deus (7.13-14; 10.5-9). Como entender os símbolos na descrição de Jesus em Apocalipse 1.13-16?

23 Veja Êxodo 25.31; Zc 4.2ss onde o candelabro de sete galhos representa Israel. Portanto, a identidade dos sete candelabros com as sete igrejas (Ap 1.20) implica uma afirmação de que estas igrejas e seus líderes, incluindo seus membros gentios, são o "Israel de Deus" — como Paulo afirma em Gálatas 6.16 — e não a liderança judaica corrupta do Templo em Jerusalém.

Algumas dicas:

- Uma **túnica** comprida = sinal de realeza comum entre os imperadores romanos, como a faixa presidencial da República ou a beca dos juízes (do sumo sacerdote em Êxodo 28.4; 29.8).
- Os **cabelos** brancos, como alva lã, como neve (veja Dn 7.9-10) = indício de dignidade e de experiência, o Ancião de Dias, o Deus eterno, Juiz do mundo.
- Os **olhos** como fogo (veja Dn 10.6) = sinal de autoridade, supervisão de juiz.
- Os **pés** sólidos como metal (bronze, ou uma mistura de prata e ouro amada pelos antigos pelo seu brilho; veja Dn 10.6; Ez 1.4-7) = prontidão e firmeza.
- A **voz** de muitas águas ou muitos povos (Ez 43.2) = sugerindo maravilha e majestade; anúncio das boas-novas.
- A **boca** = espada, uma palavra de julgamento e juiz do seu povo.
- A **mão** direita = as igrejas (candelabros) e seus líderes (estrelas) estão seguras na sua mão.
- O **rosto** brilha como sol = como Moisés quando voltava da presença de Deus (Êx 34.39).

Diante deste encontro espantoso, inimaginável, a única resposta apropriada é cair duro como morto no chão (veja Dn 10.7ss; Js 5.14; Is 6.5; Ez 1.28 e 3.23; Lc 5.8). Isso aconteceu com João (v. 17) e com Paulo quando caiu mudo e ficou cego diante da revelação de Jesus na estrada para Damasco (At 9.1-9). Assim é um encontro cara a cara com Jesus *hoje*. Por isso, é raríssimo. Porém, devemos e queremos conhecer esse Jesus ressurreto e glorificado. Mas como? *Crer* para *ver*, não com os olhos físicos, mas vê-lo pelos olhos da fé, da mente, do coração, dos sentimentos e da imaginação. É preciso ter fé e uma profunda experiência de Deus e de Jesus.

Qual foi a resposta de Jesus à queda de João? Esta sim, é a mesma para nós: *Não tenha medo. Eu sou o primeiro e o último e aquele que vive* (vv. 17-18). Sim. Não ter medo. Mas não só isso. Também Jesus falou para João, *Escreva, pois, as coisas que você viu, as que são e as que hão de acontecer depois destas* (v. 19). Para João, Jesus revelou muitas coisas e nós exploraremos algumas destas coisas nos próximos capítulos. Mas quando nós cremos hoje e começamos a enxergar quem Jesus é e o que ele está fazendo no mundo, nós também temos a incumbência de "escrever", isto é, comunicar estas coisas para outras pessoas.

Para reflexão

Será que, de fato, estamos enxergando esse Jesus? Leia Apocalipse 1.12-16 bem devagar. Feche os olhos, tente imaginar esse Jesus ressurreto e glorificado e contemplar sua soberana e solidária majestade.

2º sete

Sete igrejas

Apocalipse 2 — 3

3

OUÇA! Mensagens para Sete Igrejas (Parte 1)

Apocalipse 2.1-17

*Escreva, pois, as coisas que você viu, as que são e as que hão de acontecer depois destas. Quanto ao mistério das **sete** estrelas que você viu na minha mão direita e quanto aos **sete** candelabros de ouro, as **sete** estrelas são os anjos das **sete** igrejas, e os **sete** candelabros são as **sete** igrejas. Ao anjo da igreja em Éfeso escreva: "Estas coisas diz aquele que conserva na mão direita as sete estrelas e que anda no meio dos sete candelabros de ouro..."*
— Apocalipse 1.19 – 2.1

"Escreva" é uma palavra repetida em Apocalipse 1.11 e 19, no início de cada uma das sete cartas pastorais nos capítulos 2 e 3; em 14.13; 19.9; e 21.5. Jesus glorificado pede para João documentar (por escrito) três coisas:

1. *as coisas que você viu;*
2. *as que são;*
3. *as que hão de acontecer depois destas.*

"O que viu" se refere aos versículos anteriores, 9 a 20, como Jesus havia acompanhado aquelas igrejas no seu crescimento e perante seus desafios internos e externos. "As que são" se referem à atual situação e os desafios das igrejas que são elaborados em Apocalipse 2 e 3. E "as que hão de acontecer depois destas", relatado em Apocalipse 4.1 – 22.5, se referem ao futuro imediato destas igrejas. Serve de aviso e consolo para elas e durante toda a história da igreja até hoje, inclusive para nós.

Depois da visão de Jesus no primeiro capítulo com os sete candelabros, o restante de Apocalipse trata de mais seis séries de sete, cada uma, por sinal, com a mesma temática tríplice: *heresia/perseguição, julgamento* e *triunfo.* Seguiremos este esboço até o final do livro. No cumprimento da sua missão, a Igreja sempre enfrenta dois tipos de perigo: de dentro (hipocrisia) e de fora (perseguição). Portanto, as mensagens frisam a necessidade de discernimento e de fidelidade/resistência... a mensagem principal e consistente por todo o restante de Apocalipse.

Introdução (cap. 1)

1. Sete candelabros (cap. 1)
2. Sete igrejas (cap. 2 – 3)
3. Sete espíritos (cap. 4 – 5)
4. Sete selos (cap. 6 – 14)
5. Sete trombetas (cap. 8 – 14)
6. Sete flagelos (15.1 – 19.10)
7. Sete visões finais (19.11 – 22.5)

As sete cartas (Parte 1)

Como todos sabem, os diversos meios eletrônicos de comunicação, desde o telegrama até o e-mail e as redes sociais, são fenômenos que têm mudado o mundo. Até então dependia-se principalmente da carta entregue manualmente. Até hoje, algumas cartas são tão boas que a gente as guarda, ou até mesmo as compartilha com outras pessoas. Isso parece ser o caso das sete cartas de Apocalipse. Por um lado, eram endereçadas para as igrejas naquelas sete cidades da Ásia Menor e falavam dos problemas e das ameaças históricas que elas passavam. Isso se torna mais urgente ainda diante da situação atual da região em que aquelas sete igrejas estavam localizadas: hoje, a Turquia ocidental.

Por outro lado, o fato de serem *sete* cartas (um número que simboliza plenitude), de seguirem a mesma estrutura e de se integrarem eventualmente às escrituras canônicas, nos indica que a sua mensagem é relevante para toda a igreja cristã desde então. Também, cada carta termina com um aviso dirigido a uma pluralidade de igrejas: *ouça o que o Espírito diz* ***às igrejas***.

Somente três das cidades mencionadas nesta passagem de Apocalipse continuam vivas: Esmirna (hoje, Izmir), Filadélfia (hoje, Ala ehir), e Tiatira (hoje, Akhisar). As outras cidades, Éfeso, Pérgamo, Sardes e Laodiceia, já não existem. Três das cidades são mencionadas em outros lugares do Novo Testamento: Éfeso, Tiatira e Laodiceia.

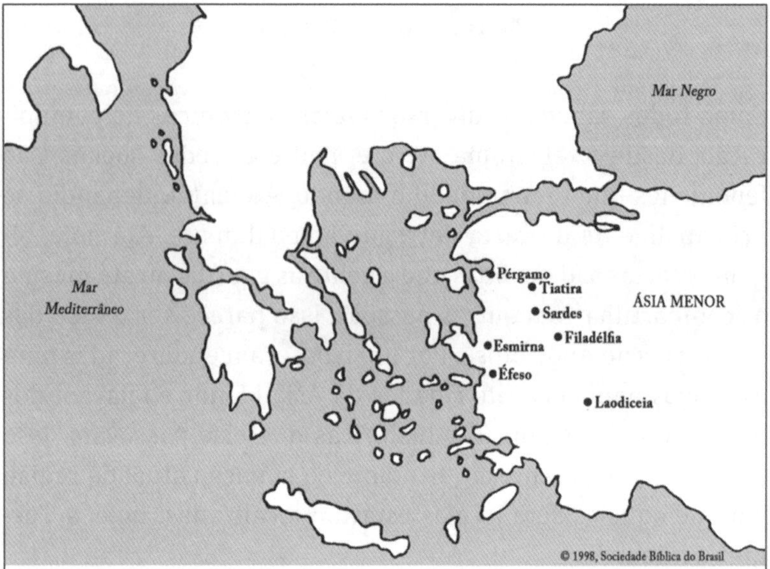

As Cartas de Apocalipse — Ap 2–3

Naquela região embora o poder político, o Império Romano, *se* beneficiasse do labor da sociedade com crueldade e quisesse ser Senhor do povo, é importante notar que os temas principais nas sete cartas se concentram em situações *internas* e que apenas três passagens tratam de questões externas (2.8-11, 13; 3.8-10), como a perseguição, que certamente existia. Inclusive, a advertência para a igreja de não adotar valores "carnais" ou "mundanos" tem muito a ver com os graves perigos *internos*, como veremos.

Era, portanto, uma época decisiva de definição de valores últimos e cristãos diante da sociedade. E como fazer isso quando dentro das igrejas existiam facções e esfriamento da fé? As igrejas corriam o mesmo perigo do Templo em Jerusalém, que havia se corrompido no seu afastamento cada vez maior dos propósitos bíblicos de ser um povo missional, consagrado para Deus e comprometido a ser sal e luz dentro do da sociedade. Esse era o contexto geral das cartas de Apocalipse. É diferente hoje?

Duas igrejas só recebem elogios: a de Filadélfia e a de Esmirna. Uma merece só repreensão: a de Laodiceia. As outras quatro recebem tanto críticas quanto elogios. Como em muitas igrejas nossas, lá residiam tanto o bem quanto o mal. A igreja mais conhecida pelos leitores bíblicos, e a mais importante entre as setes mencionadas, é a igreja em Éfeso, e por isso ela vem primeiro.

Éfeso é aquela que toda igreja deseja ser: uma igreja de notável reputação na qual congregaram durante a sua história pessoas de suma importância, como os apóstolos Paulo e João, os líderes Timóteo e Apolo, e possivelmente Lucas e Maria, a mãe de Jesus. Imagine como os cristãos efésios tinham que lutar para não se gabarem excessivamente! Além disso, era uma igreja trabalhadora, zelosa com a sã doutrina, constante diante da perseguição e isenta de escândalos de imoralidade! Que mais se poderia querer de uma igreja? Pois bem, mas não era o suficiente, pois faltava o que Jesus glorificado mais deseja da sua noiva: *o amor,* o principal (2Jo 2.9-11). A felicidade e o entusiasmo da experiência do amor, aquela magia espontânea que leva a devoção irrestrita e a autoabnegação alegre, isso não existia mais. A Primeira Igreja de Éfeso se tornara institucional, teológica, exata, rigorosa e reta — que tem seu valor — mas perdeu o *calor da paixão.* Estava no mesmo caminho que levou o Templo e sua liderança em Jerusalém a serem o alvo de crítica por João Batista e pelo próprio Jesus. Por que é tão difícil reconciliar a afeição e o raciocínio, ambos como essenciais ao pensamento e ao comportamento saudável? Por que acaba o amor? Por que há tanta falta de amor nos corações de muitos cristãos hoje?

Em consequência desta trágica contradição, o Cristo ressurreto estava prestes a remover "o candelabro[24] do seu lugar", ou seja, a chama da verdade e do amor seria passada para outro. A Igreja de Éfeso permaneceria aparentemente viva, mas na realidade, vazia. E, de fato, acabou. Reta doutrina não é suficiente! Hoje, o mar se recolheu a uns quinze quilômetros, e em vez da linda vista do mar, a cidade se localiza em um pântano. Nada resta no local do primeiro templo na história feito de mármore (à deusa materna, Artemis, e depois à deusa Roma e ao imperador romano), e a larga estrada pavimentada de mármore onde Paulo caminhava diariamente para ensinar na faculdade de Tirano.

A segunda carta se dirigia à igreja de ***Esmirna***. Essa igreja não recebe repreensão alguma, apenas elogios sem qualificações. É interessante que a cidade de Esmirna permaneça viva até hoje com nome moderno de Izmir. Aliás é uma das comunidades contínuas mais antigas do mundo, apesar de muitas devastações naturais (terremotos em 178, 1688 e 1778 d.C.) e militares. A igreja lá sofreu violentas perseguições dos judeus. Por isso, e por causa da sistemática opressão e exclusão do império, era pobre. Jesus ressurreto conhece esta situação de extrema dificuldade financeira e social, mas em desacordo com a teologia da prosperidade,[25] não promete milagres. Aliás, ele adverte que as coisas vão piorar de tal modo que alguns terão que entregar as suas próprias vidas pela causa do Evangelho! Esse constituía um teste de fidelidade. Por que será que a igreja de Éfeso é um modelo mais atraente para nós hoje que a pobre Igreja de Esmirna? É coincidência que a igreja pobre só receba elogios?

---

24 O símbolo antigo de Israel representado no centro do seu culto no Templo em Jerusalém. Éfeso, parte do Israel de Deus (Gl 6.16), estava deixando de ser povo de Deus e Cristo estava prestes a remover esse status desta igreja!

25 Uma característica da instituição do Templo em Jerusalém e alvo da crítica de Jesus (Mt 21.12-20 e paralelos).

É bem provável que um dos cristãos mais famosos da antiguidade, e nativo de Esmirna, já estivesse começando o seu ministério lá. Quarenta anos depois, aos oitenta e seis anos, recusava-se a abandonar sua fé pela simples e discreta homenagem ao imperador romano. Fazer isto era uma *blasfêmia dos que se declaram judeus e não são, sendo, isto sim, sinagoga de Satanás* (Ap 2.9).[26] Policarpo recebia a honra de ser acusado pelos opositores de "mestre da Ásia, destruidor dos deuses e pai dos cristãos". Para os cristãos esmirneanos, Jesus glorificado diz: "Tu és de fato rico! Não tenhas medo! Mostra-te fiel até à morte, pois a segunda morte, uma morte eterna, não sofrerás". Podemos acreditar nisso, mesmo no sofrimento, na pobreza e na perseguição.

Pérgamo, ou Bergama, seu nome atual, era o centro da autoridade romana na região e talvez isso decodifique a afirmação de ser o lugar do "trono de Satanás" (Ap 2.13). Lá havia um grande teatro que impressiona até hoje pela acústica, um altar a Zeus, outros templos, um grande ginásio, um sistema de encanamento público e muros para proteger os habitantes. O perigo para a igreja se resumia ao conflito entre os valores do Reino de Deus e a assimilação à cultura romana dominante, que era opressora e exploradora, características também presentes na cultura do Templo em Jerusalém. Havia alguns na igreja que até advogavam a assimilação cultural com sua idolatria. Não pode haver comprometimento dos valores do Reino de Deus, mesmo pelas mais espertas explicações teológicas de negligência religiosa e moral que surgem de dentro da igreja. A firmeza doutrinária diante de tendências de legitimar a imoralidade e coadunar com os valores do *status quo* fora e dentro da igreja(!) se faz necessária.

26 Não é uma afirmação antissemítica, mas uma crítica severa contra aqueles judeus que abandonaram os princípios da sua própria fé. Veja Jo 8.30-47, especialmente o v. 44: *Vocês são do diabo, que é o pai de vocês, e querem satisfazer os desejos dele. Ele foi assassino desde o princípio e jamais se firmou na verdade, porque nele não há verdade.*

Para reflexão

- Quais são as críticas que Jesus faria à sua igreja? Ela é conhecida pelo amor e inclusão?
- Quais são os elogios que Jesus faria sobre seu testemunho diante do sofrimento e dos desumanos valores egoístas e exploradores da sociedade?
- Qual é a exortação que Jesus faria para a sua igreja?

4

OUÇA! Mensagens para Sete Igrejas (Parte 2)

Apocalipse 2.18 – 3.22

Ao anjo da igreja em Sardes escreva:
"Estas coisas diz aquele que tem os sete espíritos de Deus e as sete estrelas:
Conheço as obras que você realiza, que você tem fama de estar vivo, mas está morto.
Fique vigiando e fortaleça o restante que estava para morrer, porque verifiquei que as obras que você realiza não são íntegras na presença do meu Deus. Lembre-se, pois, do que você recebeu e ouviu; guarde-o e arrependa-se. Se você não vigiar, virei como ladrão, e você de modo nenhum saberá em que hora virei contra você...."
— Apocalipse 3.1.3

No último capítulo vimos as mensagens de Jesus glorificado para três das sete igrejas endereçadas. Como foi sua avaliação pessoal e aproveitamento? Desafiador? Ouviu uma mensagem para você e sua igreja? Agora queremos analisar as outras quatro. Começamos com a igreja de Tiatira.

Tiatira, ou Akhisar, era uma cidade de pouca importância. Em termos de status, não possuía significância militar, nem administrativa e nem comercial. Era uma cidade de operários e as reuniões dos vários sindicatos (chamados de guildas naquela época) frequentemente acabavam em orgias e libertinagem. Tudo era festa e isto dificultava a participação dos crentes. E sabe uma fonte de todo esse problema? Uma poderosa e sedutora "influenciadora", a quem João apelida de Jezabel, má influenciadora em 2 Reis 9.22.[27] Impressionante o perigo de "influenciadores" do mal, que não faltam nas redes sociais hoje. Fica evidente a necessidade de termos discernimento para saber as influências que devemos sempre evitar ou resistir. Bem, para os "liberais" não havia problema algum e aí estava o problema para a igreja. Em quais situações deverá haver tolerância e em quais não? Fazemos de conta que não importa e adotamos um pouco de "abertura"? A carta não deixa dúvida que não.

Ao mesmo tempo, era uma igreja que tinha diversas boas "obras": "amor", "fé", "serviço" (*diakonia*) e "perseverança". Práticas de solidariedade e resistência. Assim, não parava de crescer e merecer elogios e uma promessa ao "vencedor" de dar-lhe "autoridade". Seria o poder prometido em Lucas 1.52 aos humildes, o poder da solidariedade, serviço e perseverança/resistência?

Sardes, hoje Sart, situada em uma cidadela de rochas impregnadas, estava na área mais pitoresca das sete igrejas de Apocalipse. Era o lar de um dos maiores reinos da antiguidade: a Lídia. Lá, moedas de ouro e de prata puros foram cunhadas pela primeira vez na história. Talvez a mentalidade de "importante"

27 Quem era Jezabel? Nada menos que aquela que levava a liderança de Israel a idolatrar-se e pecar (1Rs 16.29-33). De novo, uma crítica não tão velada também à liderança corrompida do Templo em Jerusalém.

e "valioso" tenha influenciado a igreja que parece ser próspera, mas na verdade, diante de Deus, estava morta. Quatro foram as palavras que lhe foram dirigidas. Primeiro, "converte-te". A igreja que se esquece de que seu único valor procede de Deus precisa novamente se converter a Cristo. Segundo, "lembra-te". Não havia dúvidas de que já havia conversão e experiências ricas de fé e de luta. Estas devem ser relembradas e contadas. Terceiro, "guarda as tradições". Novamente, as "novidades" teológicas em si nada têm de valor a não ser que esclareçam e apliquem novamente as verdades que já nos foram passadas. E finalmente, "torna-te vigilante". Vigilância dentro e fora da igreja. Não podemos relaxar na segurança da fé recebida outrora. É interessante que duas vezes já a cidade de Sardes se havia entregado aos inimigos não por ataque frontal, mas de surpresa por falta de vigilância da parte dos seus defensores.

Filadélfia, ou Ala-ehir, era uma cidade menor e mais nova que as outras seis cidades das cartas de Apocalipse. Por causa de um terremoto em 17 d.C., muitos dos seus habitantes preferiam morar nos campos ao seu redor. Como a Igreja de Esmirna, a de Filadélfia também sofria perseguições de judeus hostis. Mesmo sendo uma igreja humanamente fraca (ou por ser uma igreja humanamente fraca), Jesus glorificado abre para ela uma porta, provavelmente a oportunidade de realizar o aparentemente impossível: a evangelização dos próprios judeus que estão perseguindo a igreja![28] Novamente o perigo maior não veio dos romanos, mas de judeus corruptos. E de fato, a igreja lá se tornou uma

28 Veja na *Bíblia Missionária de Estudo* a nota sobre Apocalipse 3.8: *uma porta aberta*. Há duas interpretações possíveis para esta passagem: (1) uma oportunidade para o trabalho missionário — é assim que Paulo usa esta figura da porta (1Co 16.9; 2Co 2.12; Cl 4.3). Apesar de sua *pouca força*, a Igreja pode continuar firme em seu testemunho; ou (2) já que Cristo fala da *chave de Davi* (v. 7; veja 1.18), símbolo de sua autoridade real (Is 9.6-7; 22.20-23), a *porta* é de acesso ao Reino de Deus (Mt 16.19; 23.13; Lc 11.2), ao verdadeiro *santuário* de Deus (v. 12). Assim, os crentes em Cristo, e não os judeus, é que são o povo genuíno de Deus.

igreja missionária que conhecia a sua pobreza e compartilhava o seu único bem, o Evangelho de Jesus. A Igreja de Filadélfia, como a pobre Igreja de Esmirna, era uma igreja de pouco ou nenhum poder, e por isso mesmo são as únicas igrejas que não recebem repreensão alguma. Ela não sabe senão de Jesus crucificado, e não tendo o poder humano em quaisquer das suas formas como o seu aliado, depende unicamente do Glorificado. Podemos dizer o mesmo hoje de nós?

Chegamos à última das sete cartas, a rica e orgulhosa Igreja de **Laodiceia**, ou hoje, Laodikea, cidade que supostamente recebeu o seu nome em homenagem à esposa de Antioco II. Era uma cidade da encruzilhada: entre o trânsito no sentido Norte-Sul entre Sardes e Perga, e entre o trânsito no sentido Leste-Oeste de Eufrates até Éfeso. Logo se tornou uma cidade tão rica, que mesmo depois da destruição pelo terremoto de 60 d.C., foi reconstruída sem a ajuda financeira de fora.[29] A pouca distância da cidade situam-se as fontes de Hierápolis (hoje, Pamukkale), que aparentemente está em mente quando na carta é dito: *Assim, porque és morno, nem és quente nem frio, estou a ponto de vomitar-te da minha boca* (Ap 3.16). Acerca disso, o filósofo, jurista, sociólogo, evangélico francês, Jacques Ellul, observa:

> ... morno é aquele que não deseja nada, que não sente a falta, a ausência, que não compreende o que lhe falta, que não aspira a nada, e por isso não espera nada. Frio é aquele a quem falta muito e que o sabe, mas que não pede nada, que se fecha na constatação do seu fracasso. Quente é aquele que avança e age. Mas estes dois aspectos estão no limite dos aspectos da Esperança. O morno, que se satisfaz com o que é, é levado a nada fazer para mudar, visto que a situação atual lhe parece satisfatória. Portanto, ele não vê a

29 TÁCITO. *Anais*. (Rio de Janeiro/RJ: Ediouro, 1995): 14.27.1. Um possível apoio para datar o livro de Apocalipse não muito tempo depois desta data.

> sua situação real diante de Deus. [...] O hipócrita não é aquele que finge, mas que não sabe quem ele é, e por esse fato não mostra nunca senão um falso aspecto, que ele acredita ser a sua verdade, e engana enganando-se, e neste jogo fecha-se numa situação de que não procura sair. Aquele que vê a sua realidade pode lançar-se no esforço incrível de sair dela, e a única saída nesse momento é a esperança. [...] Se Jesus Cristo é tão duro, tão rigoroso, é para conduzir esta Igreja à lucidez, à tomada de consciência, e daí à conversão (a mudança de orientação e significação).[30]

O padre e teólogo chileno Pablo Richard nos dá mais uma luz:

> No Apocalipse a história é feita do cosmos e da humanidade. Jesus tem primazia cósmica e política, se relaciona a ambos o cosmos e à história. [...]
> O que Apocalipse está realmente exigindo da igreja em Laodiceia é que ela pare de ser morna e gnóstica, isto é, que ela pare de explorar as pessoas, e que ela cesse de ser orgulhosa e autossuficiente. [...] que adquira sua riqueza sem explorar as pessoas ("ouro refinado pelo fogo", uma riqueza compartilhada com todos) [...] e tenha uma consciência limpa ("colírio" para restaurar a vista).[31]

Mesmo que esta Igreja não recebe elogios, Jesus não a abandona. Ao invés disto, para ela e para todos e todas nós *na igreja*, ele manda um convite: *Eis que estou à porta, e bato, se alguém ouvir a minha voz, e abrir a porta, entrarei em sua casa, e cearei com ele e ele comigo* (Ap 3.20). É um convite de arrependimento e conversão, de uma mudança de comportamento, não para aqueles e aquelas que não conhecem os benefícios do Evangelho, mas

30 ELLUL, Jacques. *Apocalipse: arquitetura em movimento*. (São Paulo/SP: Paulinas, 1979): 154.

31 RICHARD, Pablo. *Apocalypse. A People's Commentary on the Book of Revelation.* (Maryknoll/NY: Orbis, 1995): 62, 63.

para as pessoas que os conheceram e os trocaram pelo conforto, pelo orgulho, pelo ódio e pelo afrouxamento. Um convite não apenas individualista e interior, mas para formar uma nova comunidade, uma comunidade solidária de partilha.

> *Ao vencedor, darei o direito de sentar-se comigo no meu trono, assim como também eu venci e me sentei com o meu Pai no seu trono. Quem tem ouvidos, ouça o que o Espírito diz às igrejas.* — **Apocalipse 3.21-22**

Para reflexão

- Quais são as omissões ou pecados dos quais sua igreja precisa se arrepender e mudar de rumo?
- Quais são os perigos para as igrejas de influenciadores/as nocivos na internet e valores egoístas e exploradores na sociedade hoje?
- Por que há destaque em igrejas "pobres" e "ricas"?
  O que você conclui?

3° sete

SETE espíritos
A *plenitude* ("7") do Espírito Santo

Apocalipse 4 – 5

5

Visão do culto ao Deus Criador: o Todo-Poderoso

Apocalipse 4

Sempre que esses seres viventes davam glória, honra e ações de graças ao que está sentado no trono, ao que vive para todo o sempre, os vinte e quatro anciãos se prostravam diante daquele que está sentado no trono, adoravam o que vive para todo o sempre e depositavam as suas coroas diante do trono, proclamando:
"Tu és digno, Senhor e Deus nosso, de receber a glória, a honra e o poder,
porque criaste todas as coisas e por tua vontade elas vieram a existir e foram criadas." — **Apocalipse 4.9-11**

Olhando a terra na liturgia do céu

Depois da introdução (cap. 1) e das cartas às sete igrejas (caps. 2 e 3), João recebe uma visão do culto celeste, focado no trono de Deus Criador (cap. 4) e do Deus Redentor, o Cordeiro (cap. 5). João leva o povo das igrejas para dentro do céu. De lá vão olhar a terra. E nós vamos entrar também, junto com eles, em uma participação imaginativa na visão... e no culto. Preparem-se!

Ah! Não se esqueçam do contexto histórico que percebemos nas cartas às sete igrejas que acabamos de estudar: principalmente do esfriamento e corrupção da fé. Entrando no céu, nos caps. 4 e 5, a primeira coisa que vemos é o **trono** de Deus. Em Isaías 6, o trono de Deus era vinculado ao Templo, o que exigia que as pessoas envolvidas no Templo fossem purificadas. Sem dúvida, a visão que João teve do trono de Deus cercado dos seres mais consagrados chocava frontalmente com a corrupção do Templo em Jerusalém, alvo também da crítica ferrenha de João Batista e de Jesus.[32] Essa evidente comparação não elimina também uma crítica à ideologia imperial que reconhecia a soberania mundial do imperador romano e exigia culto a ele.

Esses capítulos descrevem um culto magnífico a Deus e ao Cordeiro por todas as criaturas celestiais e terrestres e... *todo o povo de Deus*. Certamente também uma crítica ao sistema corrupto e barrista do Templo em Jerusalém.[33] A mensagem sublinear não podia ser outra: o povo de Deus precisava ter uma confiança irrestrita na soberania de Deus e ser *um sacerdócio real, nação santa* (1Pe 1.9a) para exercer seu papel missional no mundo (1Pe 1.9b).

Atenção! As visões de culto a Deus e ao Cordeiro nos capítulos 4 e 5 e os diversos hinos neles e no restante do livro (7.10-12; 11.15-18; 12.10-12; 14.2-3; 15.3-4; 16.5-7 e 19.1-8) podem ser vistas como o *coração* de Apocalipse, que conclui advogando o culto exclusivo a Deus (22.8-9). Se não nos lembrarmos de mais

32 Veja os capítulos 1 e 3 deste livro.

33 O Templo em Jerusalém havia se afastado em muito do seu propósito original de ser "Casa de Oração *para todos os povos*" (Is 56.7-8; 1Rs 8.41-43; veja Mt 21.13; Mc 11.17; Lc 19.6).

nada de Apocalipse, lembremo-nos de que o culto precisa proceder de corações puros, sinceros e amorosos e ser dirigido única e supremamente a Deus e ao Cordeiro.

Os dois capítulos estão em paralelo, uma declaração não tão velada de que o Cordeiro de Deus que havia sido morto nada mais é do que o próprio Deus. O cenário dos capítulos 4 e 5 também nos lembra de que o alvo final da missão de Deus e nossa é o louvor pleno de *toda a criação*, um incentivo poderoso para fazer tudo que podemos em missão para alcançar todos os povos e até toda a criação, reconciliados pelo sangue do Cordeiro (veja Cl 1.20).

Deus Criador – Ap 4	Deus Redentor – Ap 5
A glória de Deus (2b-8a)	A glória do Cordeiro (5-7)
Louvor a Deus (8b-11)	Louvor ao Cordeiro (8-12)
Primeiro hino (8b)	Primeiro hino (9-10)
Narrativa (9-10)	Narrativa (11.12a)
Segundo hino (11)	Segundo hino (12b)

Vejamos mais de perto o cap. 4, que claramente inicia uma nova seção no livro de Apocalipse ao dizer, *depois destas coisas, olhei...*, isto é, depois das sete cartas nos caps. 2 e 3.

... olhei, e... ouvi... (Ap 4.1) *... eu me achei no Espírito* (Ap 4.2). João relata uma *visão* que teve do céu e uma voz que escutou (4.1). A visão trata do futuro imediato dos seus ouvintes-leitores. Era a mesma voz que ouvira em Apocalipse 1.10 de Jesus glorificado convidando-o a ver *o que deve acontecer depois destas coisas* (Ap 4.1), depois das sete cartas. João, então *no Espírito*, isto é, na sua visão e visita ao céu, viu que *alguém estava sentado no trono* (Ap 4.2). Alguém que estava no controle absoluto. João descreve a visão usando repetidas vezes a frase "semelhante" (*homoious*) porque o que viu não correspondia *exatamente*

a nada que conhecera antes. São descrições do indescritível. O que viu são representações de realidades mais profundas, como foram os candelabros e as estrelas que Jesus segurava na mão direita (Ap 1.20). Por exemplo, os quatro seres viventes bem podem ser símbolos representativos de todas as criaturas que servem, glorificam e são governadas por Deus: o leão, o mais poderoso dos animais selvagens; o boi, o mais poderoso dos animais domésticos; a águia, o mais poderoso dos voadores; e o ser humano, a quem Deus deu supremacia sobre as outras criaturas (Ap 4.6-9; veja Gn 1.26, 28, 30).

E os 24 anciãos com seus 24 tronos que, junto com os seres viventes, cercavam o trono do único Deus Todo-Poderoso para prestar culto, adoração e louvor? São várias as sugestões de quem estes 24 representam. Provavelmente são os 12 patriarcas que geraram as 12 tribos de Israel, e os 12 apóstolos que eram o fundamento da igreja (Ap 21.12-14; veja Ef 2.20-22).[34] Notável também é que os 24 são *vestidos de branco e com coroas de ouro na cabeça* (Ap 4.4) e se juntam aos 4 seres viventes — toda a criação — a um culto de adoração *ao que vive para todo o sempre* (Ap 4.9-10). As vestes brancas e coroas simbolizam o papel do povo de Deus como sacerdócio (vestidos brancos) real (coroas) cujo papel é *proclamar as virtudes daquele que os chamou das trevas para a sua maravilhosa luz* (1Pe 2.9). Escutem seu cântico:

> *Tu és digno, Senhor e Deus nosso,*
> *de receber a glória, a honra e o poder,*
> *porque criaste todas as coisas e por tua vontade*
> *elas vieram a existir e foram criadas.* — **Apocalipse 4.11**

34 Uma interpretação que excluiria a identidade do João de Patmos como sendo o mesmo que o *apóstolo* João. O autor do livro de Apocalipse se identifica mesmo como "servo" com a função de um profeta (Ap 1.1, 3).

A partir de Julius César, cerca de 46 a.C. os imperadores romanos começaram a assumir títulos (*soter* = "salvador", *kyrios* = "Senhor") e status de deuses (*divus* = deus) e aos poucos, templos para os imperadores surgiram. Além destes templos, para os Judeus havia o Templo em Jerusalém, já há muito tempo alvo de severas críticas por causa dos seus líderes corruptos. Mas na visão do céu apresentado para João, estas palavras em Apocalipse 4.11 podem somente ser cantadas pelos crentes *ao que vive para todo o sempre* — o verdadeiro Deus. Ele é digno de todo louvor porque criou todas as coisas.

Este único Deus digno de culto é o mais difícil de descrever. Ele é um ser que *vive para todo o sempre*, e está sentado no trono (Ap 4.2). Novamente, nada pode esgotar a sua descrição, pois Ele é *semelhante*, não igual, *à pedra de jaspe e ao sardônio* (Ap 4.3). Estes últimos são pedras e metais preciosos frequentemente usados em descrições para enfatizar o esplendor celestial do Deus entronizado. Como é possível descrever o esplendor? João só podia recorrer aos objetos mais brilhantes. E, ao redor do trono havia um arco-íris também brilhante e belo como uma esmeralda. Isso sim, remete o ouvinte-leitor ao Deus-Criador, que depois do dilúvio estabeleceu o arco-íris como lembrança da sua *primeira aliança* nas Escrituras, uma aliança com *toda a criação* e uma promessa de preservá-la até o fim (Gn 9.12-17).

Agora, a visão que João teve do Deus entronizado não estava sem base e interpretação bíblica. Veja uma comparação com a visão do profeta Ezequiel:

Ap 4.2	Imediatamente eu me achei no Espírito, e eis que havia um trono armado no céu, e alguém estava sentado no trono.	...havia algo semelhante a um trono, como uma safira; e, sobre essa espécie de trono, estava sentada uma figura semelhante a um ser humano.	Ez 1.26
Ap 4.3	E esse que estava sentado era semelhante, no aspecto, à pedra de jaspe e ao sardônio, e ao redor do trono havia um arco-íris semelhante, no aspecto, à esmeralda.	Vi que essa figura era como metal brilhante, como um fogo ao redor dela, desde a sua cintura e daí para cima; e desde a sua cintura e daí para baixo, vi que essa figura era como fogo e havia um resplendor ao redor dela.	Ez 1.27-28
Ap 4.5	Do trono saíam relâmpagos, vozes e trovões, e, diante do trono, estavam acesas sete tochas de fogo, que são os sete espíritos de Deus.	Ao amanhecer do terceiro dia, houve trovões e relâmpagos, uma espessa nuvem cobriu o monte, e ouviu-se um forte som de trombeta...	Êx 19.16
		O aspecto dos seres viventes era como carvão em brasa, à semelhança de tochas. O fogo corria resplandecente por entre os seres viventes, e dele saíam relâmpagos.	Ez 1.13
Ap 4.6a	Diante do trono havia algo como um mar de vidro, semelhante ao cristal.	Sobre a cabeça dos seres viventes havia algo semelhante ao firmamento, como cristal brilhante que metia medo, estendido por sobre a cabeça deles.	Ez 1.22
Ap 4.6b	No meio do trono e à volta do trono havia também quatro seres viventes cheios de olhos por diante e por detrás.	... e, nas quatro rodas, os aros estavam cheios de olhos ao redor.	Ez 1.18
Ap 4.7	O primeiro ser vivente era semelhante a um leão, o segundo era semelhante a um novilho, o terceiro tinha o rosto semelhante ao de ser humano e o quarto ser vivente era semelhante à águia quando está voando.	Quanto à forma de seus rostos, cada um tinha um rosto de ser humano. Do lado direito, os quatro tinham rosto de leão; do lado esquerdo, rosto de boi; e os quatro também tinham rosto de águia.	Ez 1.10
		Cada um dos seres viventes tinha quatro rostos: o primeiro era rosto de querubim, o segundo, rosto humano, o terceiro, rosto de leão, e o quarto, rosto de águia.	Ez 10.14

Ap 4.8	E os quatro seres viventes, tendo cada um deles, respectivamente, seis asas, estavam cheios de olhos, ao redor e por dentro. Não tinham descanso, nem de dia nem de noite, proclamando:	Os aros dessas rodas eram altos e metiam medo; e, nas quatro rodas, os aros estavam cheios de olhos ao redor.	Ez 1.18
		Todo o corpo dos querubins, suas costas, as mãos, as asas e também as rodas estavam cheias de olhos ao redor.	Ez 10.12

Sem entrar nos detalhes das diferenças, não há dúvida de que, ao relatar sua visão, João se lembrava e recorria a outras imagens da magnificência de uma visão de Deus entronizado — especialmente em Ezequiel. Algo que esclarece a natureza de revelação bíblica, que requer uma sólida base e interpretação bíblica. Não encontramos outras visões celestiais de Deus Pai no Novo Testamento, mas há diversas no Antigo Testamento.[35] No Novo Testamento encontramos várias visões de Jesus, mas isso deixaremos para o próximo capítulo.

A revelação do trono do Deus Criador no céu serviu para mostrar às igrejas do Oeste da Turquia que somente Deus é digno de culto e que este culto exige um espírito consagrado e amoroso. Mais: o culto sempre é a resposta apropriada de todo o povo de Deus durante toda a história, e ainda de toda a criação. Nenhuma instituição humana pode substitui-lo... nenhuma instituição religiosa e nenhum governo. Lembremo-nos de quem nós servimos.

Para reflexão

Imagine Deus no trono e ore cantando Apocalipse 4.8b e 11.

35 Exemplos: Moisés (Êx 24.9-10, 15-18; 25.40; 33.17–34.9), Elias (1Rs 19.11-13), Ezequiel (Ez 1); Daniel (Dn 7) e Isaías (Is 6).

6

Visão do culto ao Deus Redentor:

Eis o Cordeiro de Deus

Apocalipse 5

Vi, na mão direita daquele que estava sentado no trono, um livro em forma de rolo escrito por dentro e por fora, e selado com sete selos. Vi, também, um anjo forte, que proclamava com voz forte: — Quem é digno de quebrar os selos e abrir o livro? — **Apocalipse 5.1-2**

Novamente, o que João viu e ouviu, ainda no céu, não nasceu do nada. Claro que foi mesmo ***revelação*** em forma de uma visão (veja a repetição do verbo, "vi"). Repare que a palavra "revelação" está no singular. Ou seja, enquanto João recebe várias visões são todas juntas uma só revelação. Ou seja, todas as visões têm algo a ver umas com as outras, mas não revelam uma cronologia linear de eventos. São mais como quadros em uma galeria de arte com o mesmo tema. Há certa unidade das visões dentro da única revelação, unidade dentro do livro de Apocalipse, mesmo sendo mistérios de Deus. Não brotou da mera criatividade de

João, contudo, envolve linguagem simbólica profética evocativa que desperta a imaginação dos ouvintes-leitores.[36] Mas, ao mesmo tempo, Jesus não revelou simples novidade. A revelação *teve base nas Escrituras*, mesmo às vezes reinterpretando-as, ou melhor, levando-as a conclusões mais detalhadas. O quadro abaixo ilustra essa interação entre a revelação de Jesus para João e a revelação anterior nas Escrituras que, para João, eram o que nós chamamos hoje de Velho ou Antigo Testamento.

	Apocalipse 5	Antigo Testamento	
v.1	Vi, na mão direita daquele que estava sentado no trono, um livro em forma de rolo escrito por dentro e por fora, e selado com sete selos.	Então olhei, e eis que certa mão se estendia para mim, e nela se achava o rolo de um livro. Ela o desenrolou diante de mim, e estava escrito por dentro e por fora.	Ez 2.9-10a
v.5a	Então um dos anciãos me disse: — Não chore! Eis que o Leão da tribo de Judá...	Judá é um leãozinho [...] Ele se agacha e se deita como leão e como leoa; quem o despertará? O cetro não se afastará de Judá, nem o bastão sairá de entre os seus pés...	Gn 49.9-10
v.5b	... a Raiz de Davi, venceu para quebrar os sete selos e abrir o livro.	Do tronco de Jessé sairá um rebento, e das suas raízes brotará um renovo.	Is 11.1
v.6a	Então vi, no meio do trono e dos quatro seres viventes e entre os anciãos, em pé, um Cordeiro...	Como cordeiro foi levado ao matadouro e, como ovelha muda diante dos seus tosquiadores, ele não abriu a boca.	Is 53.7b
v.6b	... que parecia que tinha sido morto. Ele tinha sete chifres, bem como sete olhos...	Aqueles sete olhos são os olhos do SENHOR, que percorrem toda a terra.	Zc 4.10b

36 Esta é uma técnica de comunicação conhecida e usada naquela época dentro da retórica grega chamada *ekphrasis* (écfrase): um meio de arte tenta se relacionar com outro meio, definindo e descrevendo sua essência e forma e, ao fazer isso, se relacionar mais diretamente com o público, por meio de sua vivacidade iluminativa. É uma descrição verbal vívida, muitas vezes dramática, de uma obra de arte visual, real ou imaginária.

v.8b	... tendo cada um deles uma harpa e taças de ouro cheias de incenso, que são as orações dos santos...	Suba à tua presença a minha oração como incenso, e seja o erguer de minhas mãos como oferenda vespertina.	Sl 141.2
v.10	... e para o nosso Deus os constituíste reino e sacerdotes...	... e vocês serão para mim um reino de sacerdotes e uma nação santa.	Êx 19.6a
v.11	Vi e ouvi uma voz de muitos anjos ao redor do trono, dos seres viventes e dos anciãos, cujo número era de milhões de milhões e milhares de milhares...	Um rio de fogo manava e saía de diante dele. Milhares de milhares o serviam, e milhões de milhões estavam diante dele. Foi instalada a sessão do tribunal e foram abertos os livros.	Dn 7.10

Falamos logo disso para relembrar as leitoras e os leitores que o livro de Apocalipse também faz parte da *revelação progressiva* da Bíblia. Aliás, ele conclui essa revelação junto com o restante do Novo Testamento. E se encontramos alguma referência em Apocalipse difícil de entender, podemos e devemos recorrer a outras partes, especialmente do Novo Testamento, que estão interpretando o mesmo assunto. Faremos isso no nosso livro.

Então, vamos partir para a mensagem de Apocalipse 5, e não nos esqueçamos da *fonte* destas visões de João, nada menos que o próprio Jesus ressurreto e glorificado (Ap 1.1).

O que João viu e ouviu? Ele *viu* um rolo selado com sete selos na mão direita do Deus Criador sentado no trono (Ap 5.1, referindo-se a Ap 4.2). *Viu* também um anjo forte e o *ouviu* dizendo: *quem é digno de quebrar os selos e abrir o livro?* (Ap 5.2) João chorava por não haver ninguém à altura (Ap 5.3-4). *Ouviu* um dos anciãos consolando (*não chore*) e afirmando, *que o Leão da tribo de Judá, a Raiz de Davi, venceu para quebrar os sete selos e abrir o livro* (Ap 5.5). E então, *viu*, não um leão e nem uma "raiz", mas um ***Cordeiro***, que era digno de abrir os selos. Isso provocou orações e uma canção de todos os santos/as e todos os seres celestiais que cercam o trono daquele "alguém" (Deus-Criador) e do Cordeiro (Ap 5.6-10). Finalmente, João *viu* e *ouviu* uma voz de muitos anjos, os seres viventes (que representavam todas as criaturas), os anciãos (toda a liderança de todo o povo de Deus desde os patriarcas até a igreja apostólica) — e o número deles era incalculável! — em altíssima voz louvando o Cordeiro, o Deus-Redentor e depois, junto com o Cordeiro, aquele "alguém", o Deus-Criador (Ap 5.11-14).

> O que João ouve (v. 5) e o que vê (v. 6) são duas faces contrastantes da mesma realidade. O v. 5 dá a impressão de um vencedor nacional, militar talvez; já o v. 6 mostra que a vitória conquistada foi por meio da morte e sobre a morte. Os crentes são chamados por Deus a seguir e a vencer da mesma forma (14.4; 17.14).[37]

Pronto, vimos e ouvimos uma glória difícil de descrever e passar adiante, mas suficiente para pararmos onde estamos, baixarmos a cabeça, e nos juntarmos aos *milhões de milhões e milhares de milhares* em louvor, adoração e culto profundo e sincero. Agora, mais alguns detalhes.

Primeiro, seis dos sete selos que o Cordeiro vai abrir são descritos no capítulo 6 de Apocalipse, sendo que o sexto ainda é elaborado em Apocalipse 7. O Cordeiro quebra o sétimo selo em Apocalipse 8 por meio de sete trombetas, por sua vez elaboradas em Apocalipse 8 a 11. Então, a explicação dos sete selos vai do capítulo 6 ao 11, e das sete trombetas que explicam o sétimo selo, do 8 ao 11. (Veja a tabela no capítulo 8). Nos próximos capítulos diremos mais sobre isso. Por enquanto, queremos só focar no Cordeiro e no culto prestado a ele.

37 Nota sobre Apocalipse 5.5-6 da *Bíblia Missionária de Estudo*.

Segundo, percebeu a referência implícita à crucificação — *que parecia que tinha sido morto* — e à ressurreição — *em pé* (Ap 5.6)? Não há dúvida a quem se refere, certo? E há uma surpreendente e significativa troca de imagens. O Leão de Judá vira o Cordeiro de Deus, o título definitivo de Cristo em Apocalipse (usado 29 vezes). O poderoso leão vira o cordeiro imolado. Foi assim que Cristo venceu. Morrendo e ressuscitando. Pense em tudo que isso nos ensina. Por que tanta gente tem tatuagem do Leão de Judá e não do Cordeiro? Agora, este cordeiro tem sete chifres, símbolos de força, e sete olhos, símbolos de onisciência. Lembramos novamente que sete representa totalidade para os judeus. O Cordeiro, então, tem *toda* a força e pode ver *tudo*. Ver como? Através dos seus *sete espíritos*, a plenitude do Espírito de Deus. Através da força deste leão que virou cordeiro, Deus cumpriu as suas promessas para os patriarcas e para Davi (Gn 49.9-10; Is 11.1). Por meio de seu nascimento, morte e ressurreição, Jesus, o Cordeiro de Deus, venceu e resgatou seu povo e todos os povos da terra (Ap 5.9; Is 53.7; Jo 1.29, 36; Mc 10.45).

Terceiro, essa conquista do Cordeiro, a salvação de um Israel *de Deus* (Gl 6.16) que também constitui uma nova humanidade (*kainē anthrōpos*; Ef 4.24; Cl 3.10), teve a finalidade de um reinado e louvor sobre a terra toda (Ap 5.10). Uma verdadeira nova criação (*kainē ktisis*; Gl 6.15; 2Co 5.17), a ser explicitado em Ap 21.1 e elaborado nos últimos dois capítulos de Apocalipse. Criar um reino de sacerdotes também é um cumprimento das promessas de Deus para Moisés (Êx 19.6; 1Pe 2.5,9).

> *...também vocês, como pedras que vivem, são edificados casa espiritual para serem sacerdócio santo, a fim de oferecerem sacrifícios espirituais agradáveis a Deus por meio de Jesus Cristo. [...] Vocês, porém, são geração*

eleita, sacerdócio real, nação santa, povo de propriedade exclusiva de Deus, a fim de proclamar as virtudes daquele que os chamou das trevas para a sua maravilhosa luz. Antes, vocês nem eram povo, mas agora são povo de Deus; antes, não tinham alcançado misericórdia, mas agora alcançaram misericórdia. — **1 Pedro 2.5, 9-10**

Se, porém, eu expulso os demônios pelo Espírito de Deus, certamente é chegado o Reino de Deus sobre vocês. — **Mateus 12.28**

Se a morte reinou pela ofensa de um e por meio de um só, muito mais os que recebem a abundância da graça e o dom da justiça reinarão em vida por meio de um só, a saber, Jesus Cristo. — **Romanos 5.17**

Novamente, como temos enfatizado por meio de toda a série *Mergulho Missional*, nós, o povo de Deus, temos *participação ativa* no cumprimento do plano de Deus para a criação toda, desde o início em Gênesis 1.26-28 até Apocalipse 24.14. Já fomos comprados pelo sangue de Jesus (Ap 5.9) e assim Deus *já* nos constituiu reino e sacerdotes (Ap 5.10a). Quando, então, será o *eles reinarão sobre a terra* (Ap 5.10b)? Muitos entendem que isso se refere a um *futuro* reinado do povo de Deus sobre a terra e remete à ideia do milênio (veja a linguagem quase idêntica de Ap 20.6). Vamos comentar mais sobre isso quando chegarmos ao capítulo 20, mas vale anotar novamente que em Apocalipse os números se referem quase sempre a conceitos qualitativos e não valores quantitativos. Simbólicos e não literais. Mil é dez elevado à terceira potência, 10 x 10 x 10. Ou seja, é um período *completo*. Pronto.

... toda tribo, língua, povo e nação. O escopo global da obra de Cristo torna imperativo que a Igreja proclame esta obra ao mundo inteiro. A frase se repete com variações outras seis vezes no livro (7.9; 10.11; 11.9; 13.7; 14.6; 17.15). A expressão quádrupla pode recordar Gn 10.5,20,31: inclui toda a humanidade.[38]

Mas isso não resolve se a referência é a um período *futuro*. Daí precisamos perguntar, quando os remidos por Cristo, o sacerdócio real constituído por Deus, começa a reinar? E aqui, recorremos a outras passagens no Novo Testamento que podem esclarecer. Por enquanto, basta as três passagens no quadro acima.

Deu para entender? Já somos sacerdotes que intercedem a favor de todos os povos. Como? Proclamando *já* o Evangelho. E *já* estamos reinando com Cristo que *já* inaugurou o Reino, conforme estas passagens. Sabemos que esta perspectiva levanta muitas perguntas, inclusive sobre outras passagens. Mas, paciência, fique conosco, tentaremos esclarecer pouco a pouco.

Finalmente, este Leão-Raiz-Cordeiro é o único em todo o Universo qualificado para abrir os selos do rolo na mão direita do Deus-Criador. Já sabemos quem é: Jesus crucificado, ressurreto e glorificado. E como o Filho do Homem que estava ao lado do Ancião de Dias em Daniel 7, e que julga todas as nações, a sua posição é nada menos que divina. Por isso, a última canção em Apocalipse 4 e 5 tem como alvo o louvor e adoração a ambos juntos: *Àquele que está sentado no trono e ao Cordeiro*... (Ap 5.13). Aos quais toda a criação representada pelos quatro seres viventes, e toda a liderança do povo de Deus ao longo das Escrituras, os anciãos, dão o seu uníssimo "Amém!" prostrados adorando.

38 Nota sobre ApOCALIPSE 5.9 da *Bíblia Missionária de Estudo*.

Adoração: Contemple o Cordeiro imolado e una-se ao coro celestial cantando do fundo de seu coração Apocalipse 5.12-13.

7

Louvor, adoração e culto em Apocalipse… e hoje

Apocalipse 4–5

Em Apocalipse 4 e 5, que estudamos nos últimos dois capítulos, encontramos cinco hinos dentro de uma liturgia no céu, que inclui as orações dos cristãos e cristãs na terra (Ap 5.8). Já pensou nisso? E há ainda muitos hinos nos próximos capítulos de Apocalipse (7.10-12; 11.15-18; 12.10-12; 14.2-3; 15.3-4; 16.5-7 e 19.1-8).

Fiquemos atentos! A presença desses hinos nos permite uma "pausa" na nossa reflexão e na carga de informação nas nossas mentes. Atingem, como a música em geral, os nossos corações, especialmente hinos direcionados a Deus. Aliás, queremos não só informar as nossas mentes por meio destes estudos, queremos também mover os nossos corações. Portanto, os hinos em Apocalipse são muito importantes. Além de transmitirem uma mensagem de alegria e esperança para pessoas atribuladas, os hinos explicam e interpretam de uma perspectiva divina para os ouvintes de João o que está acontecendo nas suas vidas ou o que está sendo revelado.

Afinal das contas, desde a saudação e dedicatória às sete igrejas da Ásia em Apocalipse 1.4-9, como no epílogo em Apocalipse 22.6-21, podemos perceber e sentir que um tom litúrgico permeia o livro e situa o texto no coração de uma comunidade cristã orante e resiliente. Sim, Apocalipse 1.4-9, como os capítulos 4 e 5, são textos litúrgicos. Aliás, João escreveu o livro de Apocalipse para ser lido dentro da liturgia dessas igrejas onde Jesus vitorioso e glorificado se faz presente (Ap 1.3). Um momento comunitário de oração, louvor e renovação espiritual. Os hinos em Apocalipse são chaves interpretativas, visões contemplativas que devem ser transformadas em ações.

Considerando o lado prático para nós hoje, queremos caprichar o máximo no culto e na adoração que prestamos a Deus e ao Cordeiro! Então, antes de continuarmos o nosso estudo a partir de Apocalipse 6, vamos aproveitar do registro destes cinco cânticos para fazer uma reflexão sobre os nossos cultos contemporâneos. Podemos pensar — apenas uma sugestão — que, como temos *sete cartas* em Apocalipse 2 e 3 que encorajam e exortam tanto as igrejas históricas daquela época quanto as nossas igrejas hoje, aqui em Apocalipse 4 e 5 temos estes *cinco cânticos* que nos instruem e desafiam a prestar um culto honroso, magnífico e reverente.

Eis os cinco cânticos a seguir. Medite nestes cânticos. Preste atenção à *letra*, ao *clima* que os cerca e tente imaginar (ou até você mesmo ou sua igreja compor) a *música* que os acompanha. Claro que os compositores e as compositoras tenham sempre um *pouco* de licença artista para adequar a letra, especialmente porque o registro destes hinos em português já constitui uma tradução. Que tal o desafio?

para Deus-Criador...

"Santo, santo, santo é o Senhor Deus,
o Todo-Poderoso,
aquele que era, que é e que há de vir." –
Apocalipse 4.8b

"Tu és digno, Senhor e Deus nosso,
de receber a glória, a honra e o poder,
porque criaste todas as coisas e por tua vontade
elas vieram a existir e foram criadas." – **Apocalipse 4.11**

para Deus-Redentor, o Cordeiro...

"Digno és de pegar o livro e de quebrar os selos,
porque foste morto e com o teu sangue com-
praste para Deus
os que procedem de toda tribo, língua, povo e nação
e para o nosso Deus os constituíste reino e sacerdotes;
e eles reinarão sobre a terra." – **Apocalipse 5.9b-10**

"Digno é o Cordeiro que foi morto de receber
o poder, a riqueza, a sabedoria, a força,
a honra, a glória e o louvor." – **Apocalipse 5.12b**

para os dois juntos...

"Àquele que está sentado no trono e ao Cordeiro
Sejam o louvor, a honra, a glória e o domínio
para todo o sempre." – **Apocalipse 5.13b**

Em todo caso, pelo menos veja bem a letra, e na sua leitura de Apocalipse 4 e 5, tente imaginar e definir com as suas palavras o clima. Assim, já caminharemos em direção a um culto a Deus *mais culto* e não uma mera cerimônia "para inglês ver", palavras com o coração longe e rituais automáticos. Tome o tempo que você precisar antes de proceder na sua leitura deste capítulo do nosso livro.

E aí, conseguiu? Contemplou? Tentou cantar as músicas? Conseguiu imaginar e sentir o cenário litúrgico e o clima? Agora permita-nos algumas observações a título de nos engajarmos em um culto *mais culto* a Deus nas nossas igrejas.

Primeiro, o culto cristão autêntico esclarece onde estão e onde deveriam estar as nossas lealdades últimas. O culto nos lembra que não prestamos as nossas lealdades últimas a nós mesmos, aos nossos colegas, aos nossos times de futebol, à nossa nação, aos nossos governantes ou partidos preferidos, e nem sequer à raça humana em geral, mas apenas e exclusivamente a Deus em Cristo. A audiência de João, as igrejas do Oeste da Turquia, conhecia bem o culto imperial que estava se impondo na sua região. Sabia que o imperador estava exigindo culto divino para si mesmo enquanto ainda estava vivo. A descrição de João do cenário majestoso em torno do trono de Deus fez com que as reinvindicações do imperador desmoronassem na insensatez da absurdidade e, assim, os cristãos encontravam a força necessária para resistir às reivindicações do imperador. Antes de nos inflamarmos com as nossas ideologias ou personagens que quase idolatramos, é bom nos lembrarmos deste contexto histórico do livro de Apocalipse e da visão que João teve do culto celestial: o culto supremo. Uma liturgia não deve se preocupar tanto com os eventos humanamente direcionados — nossos programas — que o foco em Deus se perde.

Segundo, o culto e a sua liturgia são importantíssimos para o crescimento e encorajamento das pessoas de fé. Isso já é muito. Mas muito mais ainda é o simples reconhecimento de que é isso que Deus deseja de nós. No culto encontramos fé e coragem para persistir na caminhada, para obedecer aos preceitos que conhecemos e aprender daqueles que ainda não conhecemos bem. Logo, o culto é tanto pedagógico quanto doxológico. É uma aprendizagem na adoração a Deus e em uma vivência diária que agrada e honra a Deus (veja Romanos 12.1-2).

Terceiro, o culto autêntico invoca uma percepção de temor, espanto, respeito e maravilha dentro do participante, um senso tanto de distância quanto de proximidade. A compreensão de que Deus é muito maior e belo do que na nossa imaginação, e na sua presença somos como palha frágil diante de uma furacão. A princípio não é a sensação do conforto da presença de um amigo íntimo. Por *outro* lado, também o culto autêntico nos leva à própria presença de Deus, ao trono de Deus, à sua intimidade, crida, mas não sempre percebida e sentida. A liturgia, com sua música, as orações, os hinos e a própria comunhão com a comunidade de fé nos movem nessa direção. Não é uma apresentação de orquestra, uma mera palestra, um entretenimento, uma catarse, e muito menos o clima de um jogo de futebol no estádio. É solene. É estrondoso.

Quarto, voltando aos cinco cânticos de Apocalipse 4 e 5, seu propósito e o propósito das nossas liturgias não é simplesmente de cumprir ou satisfazer as *nossas* necessidades, embora isto possa ser uma das suas consequências. Não. É para que *o louvor, a honra, a glória e o domínio* (controle) sejam única e exclusivamente atribuídos *àquele que está sentado no trono e ao Cordeiro*. Isso significa que o propósito do culto não é simplesmente *nos* confortar e alegrar. Não, o culto pode e deve tanto confortar o aflito quanto afligir o confortável e complacente. Mais do que isso, direciona, fixa, prioriza, foca os nossos olhos em Deus.

Concluindo, esta cena litúrgica no céu é a fonte e âncora teológica do livro inteiro. No âmago de tudo Deus reina na sua sublime majestade, o Deus que se define como o Cordeiro que sofre pelas pessoas. Tudo que vai ser revelado nas pragas escatológicas que se seguem nos capítulos 6 a 18 está na mão do Cordeiro do capítulo 5, na mão do crucificado e ressurreto, que cultuamos, adoramos e seguimos.

Convite à adoração:

> *Venham, adoremos e prostremo-nos; ajoelhemos diante do Senhor, que nos criou.*
> *Ele é o nosso Deus, e nós somos povo do seu pasto e ovelhas de sua mão.* — **Salmos 95.6-7**

Coloque-se diante do trono, diante de seu Criador, diante do seu Redentor, o Cordeiro imolado. Entregue sua vida, seu coração, sua mente, seu corpo, seu amor, sua lealdade, seus sonhos, projetos, medos e angústias, seu presente e futuro nas mãos daquele que reina agora e para sempre. Junte-se ao coro celestial cantando com todo o seu ser os cinco hinos em Apocalipse 4 e 5.

4° sete

Sete selos

Apocalipse 6 — 14

8

Três grupos de sete: 7 selos, 7 trombetas e 7 flagelos

Apocalipse 6 — 14 (19.10)

São espíritos de demônios, operadores de sinais, e se dirigem aos reis do mundo inteiro a fim de ajuntá-los para a batalha do grande Dia do Deus Todo-Poderoso.

"Eis que venho como vem o ladrão. Bem-aventurado aquele que vigia e guarda as suas vestes, para que não ande nu, e não se veja a sua vergonha."

Então ajuntaram os reis no lugar que em hebraico se chama Armagedom. — **Apocalipse 16.14-16**

Texto estranho. Complicado. Calma! Antes de focar os sete selos, convém fazer uma visão mais panorâmica, para trás e para frente. Existem algumas chaves interpretativas que são essenciais para não perdermos a mensagem primordial de Apocalipse com seus textos assustadores, embarcando em equívocos e devaneios perigosos. O que vamos explicar nesse capítulo é básico. Certo? Por onde começar?

A relação entre as partes

Primeiro, e de suma importância, somente o Cordeiro, personagem central e foco do livro de Apocalipse, é digno de quebrar os sete selos (Ap 5.2), o que ele faz em 6.1 a 8.2. Digno porque somente ele é perfeito. Como sabemos? Porque ele próprio possui 3 grupos de sete: sete chifres (onipotência), sete olhos (onisciência) e sete espíritos (o Espírito vivo, pleno e perfeito de Deus). Espíritos *enviados por toda a terra* demonstrando seu propósito missional! É a soberania absoluta de Deus sobre toda a terra. Não se preocupe em entender tudo, mas anote bem uma coisa fundamental: os três grupos de sete (selos, trombetas e flagelos) em Apocalipse 6 – 16 (18) procedem do Cordeiro entronizado em Apocalipse 5, identificado como o próprio Deus (Ap 22.1). Soberania misteriosa e consoladora. Reinando e julgando.

<table>
<tr><th>7 espíritos</th><th>7 selos</th><th>7 trombetas</th><th>7 flagelos</th></tr>
<tr><td rowspan="4">→
c. 4 – 5
Deus e o
Cordeiro no
trono
→</td><td>c. 6 – 7
1º - 6º selos</td><td></td><td></td></tr>
<tr><td rowspan="3">→
c. 8 – 14
(19.10)
7º selo
→</td><td>8.1 – 11.14
Trombetas 1-6</td><td></td></tr>
<tr><td rowspan="2">→
11.15 – 14.20
(19.10)
7ª trombeta →</td><td>15.1 – 16.16
6 dos últimos flagelos</td></tr>
<tr><td>16.17 – 19.10
7º dos últimos flagelos</td></tr>
</table>

Segundo, cada grupo de 7 em Apocalipse 6.1 a 19.10 (selos, trombetas e flagelos) termina em um julgamento final (8.5; 11.19; 16.18-21; capítulos 17–18), o que nos remete ao trono divino em Ap 4.5. Isso se evidencia pelo uso repetido de trovão, vozes, relâmpago, terremoto e chuva forte de granizo. Todavia, todo anúncio e ação de julgamento de Deus é sempre um apelo ao humilde arrependimento.

Logo, capítulos 6 a 16 (18) são intimamente conectados e sequenciais aos capítulos 4 e 5. E não vamos nos esquecer de que os capítulos 4 e 5 fazem parte da visão de Jesus glorificado em Apocalipse 1, que se dirige às sete igrejas nos capítulos 2 e 3 a respeito das *coisas que EM BREVE devem acontecer* (Ap 1.1). Às vezes nos esquecemos desta referência histórica e queremos aplicar tudo ao futuro. Note bem, portanto, que a revelação é singular, não plural.[39] Foi dada para João (Ap 1.1) em um contexto pastoral. A mensagem de 4.1 a 19.10 é sobre o presente e não o "fim do mundo". Sim, a esperança dada àquelas comunidades é também nossa esperança. E foi uma revelação de Jesus glorificado (Ap 1), o Cordeiro de Deus e Leão de Judá, Deus Criador e Redentor (Ap 4–5; 22.1), o Justo Juiz e Vencedor sobre todo o mal pessoal e estrutural (Ap 6–20), o noivo do povo de Deus com quem habitaremos em um novo mundo (Ap 21–22). Deu para entender?

Apocalipse 6 a 16 (18) é uma passagem só, que fala três vezes de praticamente a mesma coisa levando a um julgamento final: sete selos, sete trombetas e sete flagelos. A relação destes conjuntos de sete um com o outro é complexa. O sétimo de um sete desemboca nos próximos sete. Assim, cada conjunto de sete intensifica o anterior levando a um *crescendo* como ocorre em uma bela música orquestral. Veremos mais sobre isso mais adiante quando considerarmos cada conjunto de sete. Basta reparar que são interligados da mesma forma que o livro inteiro.

39 O título de Apocalipse deriva da primeira palavra do livro, "revelação" (*apocalypsis*) no singular e não no plural. É uma só revelação integrada, não muitas "revelações" de períodos ou temas diferentes.

O tema da Guerra Santa

O tema bíblico da Guerra Santa entre o Bem e o Mal serve de pano de fundo para Apocalipse 4 a 22. Um tema popular. Agora preste atenção! Esta temática nada tem a ver com o conceito contemporâneo invocado para descrever (jornalistas) e justificar (demagogos) atrocidades e discriminações cometidas contra outros povos em nome da religião, sejam muçulmanos, judeus, cristãos ou de qualquer outra religião. Ou em nome da ideologia, sejam comunistas, socialistas, fascistas, capitalistas ou de qualquer outra ideologia, líder ou nação. Este não é o contexto bíblico! É usar ou manipular a Bíblia incorretamente como arma política.

Em termos bíblicos, o foco da Guerra Santa é a derrota *unicamente* pelo próprio Deus dos opressores do seu povo. Assim Deus assegura para seu povo uma herança duradoura, um futuro garantido, em cumprimento de suas promessas. Apocalipse é um livro sobre esperança. Deus está no controle e vencerá o mal. O exemplo clássico é o *Êxodo*, quando o povo de Deus não se engajou de forma alguma em ações bélicas.[40] O seu papel era exclusivamente seguir as diretrizes de Deus. Sua atividade era basicamente locomover-se de uma habitação para outra. Nos *Livros Históricos* o povo teve um papel maior. Entretanto sua participação nunca era uma autojustificação sobre os seus inimigos. Insistentemente a conduta guerreira era condicionada na iniciativa e direcionamento *de Deus*. Na literatura profética o tema da Guerra Santa transparece mais, especialmente através dos Hinos do Guerreiro Divino. Neles, *somente* Deus é exaltado como combatente e vencedor.

40 Você poderá ver mais detalhes em GEORGE, Sherron e CARRIKER, Timóteo. *Gênesis e Êxodo: um mergulho missional* (a ser lançado).

Quer entender a Guerra Santa em Apocalipse 4 a 22? É preciso recorrer com paciência ao seu pano de fundo nos Livros Históricos do Antigo Testamento. Seus elementos-chave são:

1. Os combatentes, como povo *de Deus*, precisavam ser chamados e "santificados", o que implicava permanecer na condição de "castidade".
2. Oráculos expressando a decisão de Javé e sacrifícios precederam o conflito.
3. A arca da aliança, o sinal visível da presença de Deus, funcionou como o paládio ou proteção durante a batalha e a sua presença era acompanhada do grito de guerra (*tĕrû'āh*).
4. Em algumas passagens (p.ex. Js 6) chifres ou trombetas foram tocados para enfatizar o caráter religioso da guerra enquanto o povo de Deus era lembrado diante de Deus (Nm 10.9; 31.6).
5. A fé do povo de Deus era a condição indispensável para a vitória.
6. Durante a batalha, Javé lutou a favor do seu povo, convocando os elementos da criação e assim causando confusão no inimigo pelo terror divino.
7. A Guerra Santa culminou em *khērem*, a anátema executada no inimigo vencido e nos seus bens.
8. No fim, a defesa por Deus do seu povo resultou na possessão segura da terra para a qual Deus o trouxe (Dt 6.18; 7.1-2; 19.1), o que ele havia prometido.

Depois da última Guerra Santa dos Livros Históricos o conceito recebeu nova vida (Sl 18; 20; 44; 60) e passou por "espiritualização" no período pós-exílico (2Cr 20.1-30; Sl 33.16-18; 147.10-11). O grito de guerra (*tĕrû'āh*), por exemplo, se tornou um hino de louvor (veja 2Cr 20.19).

Nos Profetas clássicos, a Guerra Santa foi o contexto original do "Dia do Senhor" (Is 13; 24; Ez 7; Jl 2). Na literatura profética mais tardia (o início da literatura apocalíptica) o tema aparece no "Hino do Guerreiro Divino" (Is 26.16 – 27.6) com elementos de crise (ameaça), guerra, vitória e banquete, e isso com muitas imagens mitológicas. Por exemplo, o tema do "Dia do Senhor" é óbvio na quebra do quinto selo em Apocalipse 6.12-17 e na ideia do Grande Dia do Deus Poderoso em 16.14. Aliás, o tema da Guerra Santa paira por toda a revelação dada para João da batalha de Deus em prol do seu povo. Por exemplo, veja:

1. No Messias conquistador, o Leão de Judá (Ap 5.5-6), o cavaleiro do cavalo branco, a Palavra de Deus (Ap 19.11-31) que anuncia a batalha de Armagedom (Ap 16.14).
2. No exército messiânico (Ap 7.2-14), os cento e quarenta e quatro mil enumerados em um censo que era uma contagem da força militar de uma nação ou de um povo.
3. No exército de celibatos (Ap 14.1-5), uma metáfora para uma das características da vida cristã (fidelidade), lembrando a exigência no Antigo Testamento para os soldados serem dignos diante do Senhor durante a Guerra Santa.

Onde chegamos? Tudo isso contribui para a tese espiritual da revelação e de todo o livro de Apocalipse sobre o nosso testemunho sofredor e coerente, seguindo o exemplo do Cordeiro. O triunfo dos exércitos de Deus e do Cordeiro existe na nossa participação paciente e fiel na morte e na ressurreição de Cristo, e *não em qualquer luta física de natureza destrutiva.* Não seria com uma revolução violenta que iriam derrotar a perversidade, quer fosse no cruel Império Romano, quer fosse na corrupção do templo em Jerusalém. É preciso gravar bem isso. Não violência (Mt 26.52-53). Ao mesmo tempo, não é mera resistência. É um combate real, uma luta constante tanto contra idolatrias, quanto contra impérios, contra todo o mal, contra tudo que se opõe ao reinado de Deus. As testemunhas (mártires) de fato lutam e vencem o mal (Ap 12.11).

Para refletir

Pense na vida cristã como uma batalha. Uma luta. Quais são as barreiras que precisamos passar (como preconceitos, mágoas, ódio, ganância, egocentrismo, etc.)?

Quais os males que precisamos derrotar dentro e fora de nós?

E quais os valores sedutores do nosso mundo aos quais precisamos resistir?

Clame ao Leão de Judá, a força, e ao Cordeiro de Deus, o exemplo de persistência em meio ao sofrimento, para nos libertar do mal e nos dar a graça de permanecer fiéis na missão que Deus nos deu.

9

Uma luz no final do longo túnel:

Os primeiros 5 dos 7 selos

Apocalipse 6.1-11

Vi quando o Cordeiro quebrou o primeiro dos sete selos e ouvi um dos quatro seres viventes dizendo, como se fosse som de trovão: — Venha!
Vi, então, e eis um cavalo branco. O seu cavaleiro tinha um arco, e foi-lhe dada uma coroa. E ele saiu vencendo e para vencer. — **Apocalipse 6.1-2**

Um panorama dos SETE selos

A quebra dos sete selos funciona como os oráculos proféticos que anunciam os eventos que antecipam a Guerra Santa conforme reparamos no capítulo anterior. A quebra dos *primeiros quatro* selos anuncia o tema de **vitória** e das tribulações terrestres atuais que as igrejas estavam passando (Ap 6.1-8; veja Mt 24.13). A quebra do *quinto* selo expande a crise atual acrescentando o apelo dos mártires por sua reivindicação (Ap 6.9-11). A quebra do *sexto* selo amplia ainda mais a promessa anterior de vitória pelo anúncio divino do Dia do Senhor vindouro e do consequente triunfo do exército convocado de santos (Ap 6.12 – 7.17). A "pureza" deste exército de fiéis é descrita em termos espirituais em Apocalipse 7.14 antecipando a sua expressão mais detalhada na "pureza" dos vencedores de cento e quarenta e quatro mil em Apocalipse 14.1-4. O pânico do inimigo também é descrito no sexto selo (Ap 6.15-17) e reaparece com mais vigor e detalhe na escalação do próximo grupo de sete trombetas: com a quinta e a sexta trombetas (Ap 9.6 – 11.13). Com a quebra do *sétimo* selo, um "sacrifício" é oferecido: a oferta das orações dos santos junto com um incêndio atirado para a terra e a prontidão dos anjos para tocarem as sete trombetas para o grande engajamento da guerra (Ap 8.1-5). É pesado, complicado e assustador, mas há uma promessa certa de vitória.

1º, 2º, 3º, 4º, 5º, 6º e 7º selo

Neste capítulo veremos mais de perto a quebra dos primeiros cinco selos.

Os primeiros QUATRO selos

Lembra-se daqueles *quatro* seres viventes que cercavam o trono daquele "alguém" que era reconhecido como "o Senhor Deus, Todo-Poderoso" (Ap 4.6-8)? Eram parecidos com um leão, um novilho, um ser humano e uma águia, representando dos *quatro* cantos da terra "todas as criaturas que servem, glorificam e são governadas por Deus: o leão, o mais poderoso dos animais selvagens; o boi, o mais poderoso dos animais domésticos; a águia, o mais poderoso dos voadores; e o ser humano, a quem Deus deu supremacia sobre as outras criaturas" (veja o cap. 5). Agora aparecem novamente, desta vez diante do Cordeiro[41] e convocando-o a quebrar, um de cada vez cada um dos primeiros quatro selos.

O PRIMEIRO SELO QUEBRADO

O trovão alude para o primeiro dos quatro viventes, o poderoso leão. Ele chama um cavalo branco, sempre representando a vitória do Cordeiro de Deus e Leão de Judá (Ap 5.5). Do mesmo jeito que o leão no trovão alude para o Leão de Judá, o cavaleiro, um guerreiro coroado alude para Cristo, já vitorioso e ainda vencendo, que por sua vez lembra da sua ressurreição no passado e da sua posição como o Cristo glorioso depois da sua ascensão, tudo isso antecipando o cavaleiro Verbo de Deus em Apocalipse 19.11-16. Este é o destino dos seus seguidores e seguidoras, inclusive nós hoje, com base na sua ressurreição da morte e na sua posição gloriosa acima de todas as coisas! Eis o primeiro selo quebrado pelo Cordeiro e eis a *primeira* mensagem que todo o povo de Deus precisa ouvir. Vitória! Mas tem mais...

O SEGUNDO SELO QUEBRADO

Desta vez a segunda criatura, um boi novo, convoca outro cavaleiro em cima de um cavalo vermelho para remover a paz da terra e colocar a humanidade em um estado de matança. Detalhe:

41 O fato de que os quatro seres viventes cercavam o trono de *Deus* em Apocalipse 4 e agora convocam o *Cordeiro* de Deus que estava no trono em Apocalipse 5 novamente sugere a íntima relação entre Deus e o Cordeiro.

este cavaleiro carrega uma espada grande enquanto o primeiro, um arco. O primeiro, alusão a Cristo, traz vitória por um mero arco. O segundo traz confusão e violência por meio de uma grande espada, que é quase certamente uma alusão às guerras do Império Romano e a sua lenda irônica de "Paz e Segurança". Este império ou qualquer dos muitos outros que o seguiram jamais traz nem paz e muito menos segurança pela violência. É uma mensagem relevante hoje. O segundo selo efetivamente desmascara o império.

> *Quando o Cordeiro quebrou o segundo selo, ouvi o segundo ser vivente dizendo:*
> *— Venha!*
> *E saiu outro cavalo, que era vermelho. E ao seu cavaleiro foi dado poder para tirar a paz da terra e fazer com que os homens matassem uns aos outros. Também lhe foi dada uma grande espada.* — **Apocalipse 6.3-4**

O terceiro selo quebrado

Os cavaleiros convocados são cada vez mais sombrios! A criatura que chama é o próprio ser humano, a mais perigosa de todas as criaturas, e o cavaleiro em cima de um cavalo *preto*! Com uma balança na mão! Coisa de filmes de horror. Mas o horror anunciado não é aquele sangrento dos filmes. É pior. Tem a ver com o horror de um sistema de economia corrupto com base em preços abusivos! Por um denário mal pode se alimentar de produtos básicos (trigo e cevada), nem sonhar no luxo de vinho e azeite. Foi neste contexto de abuso econômico que Jesus fez sua dramática denúncia da injustiça social dentro do Templo de Jerusalém[42], uma denúncia repetida

42 Mt 21.12-17; Mc 11.15-19; Lc 19.45-48; Jo 2.13-22.

nesta *revelação* para João mais adiante (Ap 18.11-13) e da qual nem os impérios ou instituições religiosas ao longo da história estão isentos.

> *Quando o Cordeiro quebrou o terceiro selo, ouvi o terceiro ser vivente dizendo:*
> *— Venha!*
> *Então olhei, e eis um cavalo preto e o seu cavaleiro com uma balança na mão. E ouvi o que parecia uma voz no meio dos quatro seres viventes dizendo:*
> *— Uma medida de trigo por um denário; três medidas de cevada por um denário; e não danifique o azeite e o vinho.* — **Apocalipse 6.5-6**

O quarto selo quebrado

Uma águia, símbolo de Roma(!), convoca o quarto cavaleiro, chamado Morte(!) em cima de um cavalo amarelo. E por trás dele, logo o inferno! E este traz morte pela espada (violência romana), pela fome e pelo abandono a animais selvagens. Cadê a segurança prometida pelo império?! Falsas promessas. Mas não pense que o perigo está apenas lá fora "no mundo". Não, João está ecoando um julgamento de Deus contra Jerusalém (!) que havia abandonado os preceitos da fé com compaixão. Escutem o profeta Ezequiel:

> *— Porque assim diz o* Senhor *Deus: Quanto pior não será, se eu enviar os meus quatro piores castigos, isto é, a espada, a fome, os animais selvagens e a peste, contra Jerusalém, para eliminar dela pessoas e animais?* — **Ezequiel 14.21** (leia os próximos dois versículos também).

> *Quando o Cordeiro quebrou o quarto selo, ouvi a voz do quarto ser vivente dizendo:*
> *— Venha!*
> *Vi, então, e eis um cavalo amarelo. O seu cavaleiro se chamava Morte, e o inferno o estava seguindo. E lhes foi dada autoridade sobre a quarta parte da terra para matar à espada, pela fome, com a mortandade e por meio dos animais selvagens da terra.* — **Apocalipse 6.7-8**

Novamente, perigos por fora do povo de Deus e por dentro. Que ouçamos que Deus está falando para seu povo não só daquelas épocas, mas ainda hoje. Mas há um detalhe importante: todos os selos são quebrados pelo Cordeiro. Tudo está nas suas mãos. De alguma forma o soberano Cordeiro de Deus permite ("foi dado" e limitado; veja Jó 1.12) cada um deles, até a violência, as injustiças e morte. Este é um mistério que simplesmente não conseguimos explicar, a não ser confiando na soberania do Cordeiro e de Deus. Mesmo passando pelo sufoco, Deus está no controle.

"Os quatro cavaleiros têm como base a visão de Zc 6.1-6, na qual Deus, "o Senhor de toda a terra", manda os quatro ventos a percorrer a terra. Estes juízos fazem parte da missão de Deus no mundo. Correspondem ao "princípio das dores" no discurso apocalíptico de Cristo (Mc 13.5-10)."[43]

A mensagem para a igreja daquela época (e nossa hoje)? É preciso perseverar e confiar ao enfrentar guerras e violência (segundo selo), injustiças sociais e econômicas (terceiro selo) e

43 Nota sobre Apocalipse 6.1-8 da Bíblia Missionária de Estudo.

a própria morte de várias maneiras (quarto selo). Pois a vitória já foi conquistada e ainda será experimentada pelos que perseveram (primeiro selo).

> *Aquele, porém, que ficar firme até o fim, esse será salvo.* — **Mateus 24.13** (veja Ef 6.10)

E a perseverança é justamente o assunto do quinto selo.

O QUINTO SELO QUEBRADO

Agora uma pausa. Porque os quatro seres viventes sumiram do discurso. O quinto selo quebrado é uma visão no céu ("vi", v. 9) dada para João daqueles que perseveraram no meio das dificuldades anunciadas nos últimos três selos quebrados. E estes discípulos e discípulas de Jesus pagaram o preço do seu bom testemunho pelas suas próprias vidas. Com todo respeito — *Soberano Senhor, santo e verdadeiro* — eles e elas clamam a Deus pela justiça e reivindicação rápida da sua morte (veja Sl 79.5).

> *Quando o Cordeiro quebrou o quinto selo, vi, debaixo do altar, as almas daqueles que tinham sido mortos por causa da palavra de Deus e por causa do testemunho que deram. Clamaram com voz forte, dizendo:*
> *— Até quando, ó Soberano Senhor, santo e verdadeiro, não julgas, nem vingas o nosso sangue dos que habitam sobre a terra?*
> *Então a cada um deles foi dada uma veste branca, e lhes foi pedido que repousassem ainda por pouco tempo, até que também se completasse o número dos seus conservos e seus irmãos que iam ser mortos como eles tinham sido.* — **Apocalipse 6.9-11**

A mensagem? Devem aguardar, pois há outras mortes de justos ainda por acontecer e oportunidade para arrependimento e conversão. Afinal, a Guerra Santa de Deus contra os seus inimigos (o sexto selo) ainda está por vir. Perseverança! (Veja Tiago 5.7-11). Coragem! Confiança! Não é fácil para ninguém. Sofrimento e morte fazem parte da vida humana e terrena. É preciso suportar, fazer o que pode, esperar e lutar.

Não desanime. A luta continua! A vitória virá!

Para reflexão

É fácil apontar o dedo e ver a maldade de outras pessoas e instituições, mas raro fazer uma autocrítica e ver nossa culpa e participação, o mal dentro de nossos corações, o mal que causamos. Entre dentro de si mesma, de si mesmo, humilhe-se na presença de Deus, reconheça e confesse seus erros, pecados, tudo de mal que tem feito e guardado no coração.

10

Mais luz no fim do túnel: O sexto selo

Apocalipse 6.12 — 7.17

Os reis da terra, os grandes, os comandantes, os ricos, os poderosos e todo escravo e todo livre se esconderam nas cavernas e nos penhascos dos montes e disseram aos montes e aos rochedos:
— Caiam sobre nós e nos escondam da face daquele que está sentado no trono e da ira do Cordeiro! Porque chegou o grande Dia da ira deles, e quem poderá subsistir?
— Apocalipse 6.15-17

Calamidade cósmica

O que temos? Mais um quadro na galeria do Apocalipse, que nos lembra da história das pragas do êxodo! A quebra do sexto selo avança a chegada do terrível Dia do Senhor na sua Guerra

Santa contra o Mal. Grandes cataclismos cósmicos acompanharão e marcarão a proximidade deste Dia.

Mas antes de pensar mais nesta tenebrosa passagem de Apocalipse vamos reparar nas imagens que João vê e que têm as suas raízes tanto nos Profetas quanto no Novo Testamento. Veja algumas destas passagens na tabela seguinte. Repare que o julgamento anunciado na quebra do sexto selo é variavelmente o julgamento contra a Babilônia (Is 13), o Egito (Ez 32), as nações perversas (Is 34), os judeus corruptos (Is 2; Os 10) e é tanto uma promessa de julgamento quanto de salvação para o fiel povo de Deus (Ml 3; Jl 2; Mt 24; Mc 13; Lc 21):

Apocalipse 6	Os Profetas	Novo Testamento
v. 12 Houve um grande terremoto, o sol se tornou negro como pano de saco feito de crina, a lua ficou toda vermelha como sangue...	... o sol, logo ao nascer, se escurecerá, e a lua não fará resplandecer a sua luz. — Is 13.10 (Ez 32.10 e Jl 2.31)	... o sol escurecerá, a lua não dará a sua claridade, as estrelas cairão do firmamento e os poderes dos céus serão abalados. — Mt 24.29 (Mc 13.24-25; Lc 21.25)
vv. 13-14 ... as estrelas do céu caíram sobre a terra, como a figueira deixa cair os seus figos verdes quando sacudida por um vento forte, e o céu recolheu-se como um pergaminho quando se enrola. Então todos os montes e as ilhas foram movidos do seu lugar.	Todo o exército dos céus se dissolverá, e os céus se enrolarão como um pergaminho; todo o exército dos céus cairá, como cai a folha da videira e a folha da figueira. — Is 34.4	... os céus e a terra que agora existem têm sido guardados para o fogo, estando reservados para o Dia do Juízo e da destruição dos ímpios [...] Naquele dia os céus passarão com grande estrondo, e os elementos se desfarão pelo fogo [...] os céus, incendiados, serão desfeitos, e os elementos se derreterão pelo calor. — 2Pe 3.7,10,12
vv. 15-16 Os reis da terra, os grandes, os comandantes, os ricos, os poderosos e todo escravo e todo livre se esconderam nas cavernas e nos penhascos dos montes e disseram aos montes e aos rochedos: — Caiam sobre nós e nos escondam da face daquele que está sentado no trono e da ira do Cordeiro!	Entre no meio das rochas e esconda-se no pó, ante o terror do SENHOR e a glória da sua majestade. — Is 2.10 E o povo dirá aos montes: 'Cubram-nos!' E às colinas: 'Caiam em cima de nós!' — Os 10.8	
v. 17 Porque chegou o grande Dia da ira deles, e quem poderá subsistir?	Sim, grande e mui terrível é o Dia do SENHOR! Quem o poderá suportar? — Jl 2.11 (Ml 3.2)	

Os eventos cataclísmicos retratados dramatizam a catástrofe humana dentro da história e antecedem o grande Dia da Ira de

Deus e do Cordeiro (Ap 6.17), o equivalente profético da Guerra Santa de Deus, que chacoalha os céus e a terra.

De repente, a situação muda totalmente! Agora os dominadores, perseguidores e corruptos de toda a humanidade, nas suas sete (= número completo) classes sociais, desde reis até escravos fogem apavorados e se escondem no pânico deste Dia. Suas vozes ecoam as vozes dos corruptos de Oseias 10.8 sem traços de arrependimento. Mas espere um pouco e veja a perspectiva bem no meio de 2 Pedro 3.7 e 10 citados acima na tabela:

> *Mas há uma coisa, amados, que vocês não devem esquecer: que, para o Senhor, um dia é como mil anos, e mil anos são como um dia. O Senhor não retarda a sua promessa, ainda que alguns a julguem demorada. Pelo contrário, ele é paciente com vocês, não querendo que ninguém pereça, mas que todos cheguem ao arrependimento.* — **2 Pedro 3.8-9**

No decorrer dos sete selos e sete trombetas fica patente que esta também é a perspectiva de Jesus revelada para João nos próximos capítulos. Deus ainda oferece um *kairos,* uma oportunidade de graça e conversão. Mas, por enquanto, vamos focar na quebra do sexto selo.

Logo em seguida do pânico das sete classes da humanidade, encontra-se uma longa passagem (Ap 7.1-17), parecida com outra pausa em conjunto com a sexta trombeta (Ap 10.1 - 11.14 depois de Ap 9.13-21) para distinguir a sorte dos fiéis antes e depois do Dia da Ira. Trata-se de uma expansão da quebra do sexto selo.[44] Então, o povo das comunidades, a igreja, o que vai acontecer com eles?

---

44 E mais tarde, do segundo selo vinculado ao toque da sexta trombeta. Uma expansão que ocorre ainda mais uma vez, mesmo que brevemente, com a introdução repentina da palavra não anunciada do Senhor debaixo do sexto flagelo (Ap 16.5 dentro do contexto de Ap 16.12-16).

Proteção, liturgia celeste, inclusão

Esta pausa ou expansão de Apocalipse 7.1-17 tem duas partes. A primeira na terra (Ap 7.2-8) trata de selar o povo de Deus com a proteção de Deus depois de um período de calma cósmica (Ap 7.1) como a calma antes da tempestade cósmica de Apocalipse 6.12-14. A segunda parte da expansão (Ap 7.9-17) descreve a liturgia dos mártires no céu juntamente com uma multidão inumerável de toda sorte de gente, e conclui com o seu galardão final e sua vida plena com Deus sob a proteção do Cordeiro (Ap 7.13-17).

A vedação, marca ou selo protetor do povo de Deus desenvolve a simbologia de Ezequiel 9.4 (veja também Êxodo 12.7,13), mas se estende a todo o povo de Deus.[45] O número deste povo, cento e quarenta e quatro mil, a princípio é de todas as doze tribos de Israel. Mas certamente é simbólico, tanto o número, quanto a sua identidade com Israel étnico. O número era simbólico porque é 12 vezes 12 vezes 1.000, número 12 das tribos (algumas que já não existiam mais havia séculos) e 1.000 de uma quantidade grande e completa. Pelo mesmo motivo da inexistência de várias das tribos depois do cativeiro assírio e babilônico, a identidade étnica também era simbólica, pois como antes no livro de Apocalipse, os "judeus" ou Israel autênticos eram tanto judeus cristãos quanto gentios cristãos (veja Gl 6.16). Ou seja: a igreja toda na terra como continuação de Israel, judeus e gentios crentes (Mt 10.5-6; Lc 1.68-79; Jo 1.47; 5.43-47; 11.52; At 2.14-21; 26.14-23; Rm 9 – 11; Gl 3.29; 6.16; Ef 2.11-22; Tg 1.1; 1Pe 2.9).

Detalhe: a vedação ou selo do povo de Deus não significa isenção ou proteção absoluta de tribulação, perseguição e sofrimento, como veremos a seguir. Faz parte. Portanto, como em

45 A palavra traduzida como "marca" em Ezequiel 9.4 é em hebraico a letra ת (*tav*). Fora deste contexto, a única outra ocorrência da palavra está em Jó 31.35. Na antiga escrita hebraica esta letra era escrita como a letra X e pode ser convertida em uma cruz.

Ezequiel 9 e Êxodo 12 e em muitas passagens bíblicas, Deus está ao lado e protege seu povo em meio às catástrofes. Deus preserva seu povo *no meio*, mas não *da* perseguição. Em meio às lutas, o Cordeiro nos consola e nos dá força e ânimo para perseverar.

Acima de tudo, o selo marca o povo de Deus como propriedade exclusiva de Deus que *não* são sujeitos ao desespero e pânico sentidos pelas pessoas que não se encontram dentro da intimidade de Deus.[46] E mais: o selo simboliza um comportamento, uma prática, um jeito de ser como povo de Deus.

De que tamanho é a igreja? A segunda parte da expansão em Apocalipse 7.9-17 descreve um grupo — o mesmo grupo de "cento e quarenta e quatro mil" — mas que são inumeráveis e explicitamente de "todos os povos". Assim, a segunda parte da expansão *avança* a primeira parte, e não fala de um "outro" grupo, um mecanismo comum do gênero apocalíptico. Assim, o conhecimento dos ouvintes — as "sete" igrejas e agora, você e nós — se desenvolve e é enriquecido. O que João vê (Ap 7.9) é aquilo que ele também "ouve" (Ap 7.4) de tal modo que o Israel numerado é o mesmo que o grupo inumerável de todas as nações, tribos, povos e línguas.[47]

Vestes brancas combinam com o seu status celestial e as palmas representam a vitória e o júbilo da ocasião. Proclamam a vitória (Sl 3.8) e a salvação, ambas atribuídas tanto ao entronizado quanto ao Cordeiro. Música, dança, alegria e exaltação do Único que merece. Um coro celestial de sete louvores precedidos e concluídos por um lindo "Amém!" (Ap 7.12). O destino e propósito principal de todo o povo de Deus de todos os tempos!

E quem é esse pessoal multifacetado?

- Aqueles que *perseveravam* até o fim!
- Aqueles que *participaram* dos sofrimentos de Cristo!

---

46 Correspondem aos que estão debaixo da quinta trombeta de Apocalipse 9.1-12.

47 Veja o mesmo padrão em Apocalipse 1.10-11 e 1.12-20.

- Aqueles que ouviram e obedeceram ao chamado de serem *santos* (Êx 19.6,10,14; 29.4; 1Pe 2.9-10).

"Amém!
1 — O louvor,
2 — a glória,
3 — a sabedoria,
4 — as ações de graças,
5 — a honra,
6 — o poder
7 — e a força
sejam ao nosso Deus,
para todo o sempre. Amém!" — Apocalipse 7.12

A sua adoração diante do trono de Deus no céu antecipa o seu status na nova criação aqui na terra. A linguagem aqui evoca a linguagem de Isaías 49.10; 25.8; Salmos 23.1-2 e Jeremias 31.6 que será aplicada à nova Jerusalém lá no final desta revelação única de Jesus para João (Ap 21.4; 22.1-5).

Louvor, adoração, alegria e, ao mesmo tempo, muita sobriedade diante do Eterno.

Para reflexão

Você está passando por dificuldades, tribulações ou sofrimentos? Respire fundo. Junte-se ao coro celeste, prostre-se diante do trono de Deus em adoração, lave seu coração no sangue do Cordeiro e permita que Apocalipse 7.10 e 12 flua do fundo de seu ser. Repita várias vezes.

5º sete

Sete Trombetas
(o sétimo selo)

Apocalipse 8 — 14

11

Deus age e nós oramos em sintonia

O sétimo selo e as sete trombetas

Apocalipse 8.1-5

Quando o Cordeiro quebrou o sétimo selo, houve silêncio no céu durante quase meia hora. Então vi os sete anjos que estão em pé diante de Deus, e lhes foram dadas sete trombetas.
Veio outro anjo e ficou em pé junto ao altar, com um incensário de ouro, e lhe foi dado muito incenso para oferecê-lo com as orações de todos os santos sobre o altar de ouro que está diante do trono. E da mão do anjo subiu à presença de Deus a fumaça do incenso, com as orações dos santos. Então o anjo pegou o incensário, encheu-o do fogo do altar e o atirou à terra. E houve trovões, vozes, relâmpagos e terremoto. — **Apocalipse 8.1-5**

É muito fácil se perder no livro de Apocalipse, percebeu? Cada parte do livro decorre das partes anteriores como um espiral que vai se ampliando. Difícil mesmo de desenhar um mapa desta revelação. Mas vale a pena tentar.

Apocalipse

	1º sete: 7 candelabros	2º sete: 7 igrejas	3º sete: 7 espíritos	4º sete: 7 selos	5º sete: 7 trombe- tas/ais	6º sete: 7 flagelos	7º sete: 7 visões finais	
Prólogo 1.1-3	→ 1.4-20 a visão de Jesus glorificado →	→ c.2 – 3 as cartas para as igrejas →	→ c.4 – 5 Deus e o Cordeiro no trono →	c.6 – 7 selos 1-6 → c.8 – 14 (22.5) 7º selo →	8.1 – 11.14 trombe- tas 1-6 → 11.15 – 14.20 (22.5) 7ª trom- beta →	15.1 – 16.16 flagelos 1-6 → 16.17 – 19.10 (22.5) 7º flagelo →	19.11 – 22.5 1º > 19.11-16 2º > 19.17-18 3º > 19.19-21 4º > 20.1-3 5º > 20.4-10 6º > 20.11-15 7º > 21.1 – 22.5 novo céu/ nova terra nova Jerusalém	Epílogo 22.6-21

Lembra-se de que no prólogo recebemos duas informações importantes, mesmo que difíceis de seguir? *Primeiro*, a palavra "revelação" é *singular*, não plural (Ap 1.1): a primeira palavra tanto na língua original grega quanto nas nossas traduções para português. É uma só, integrada, não muitas distintas e separadas. Várias *visões*, sim, mas uma só revelação. Por isso, colocamos as sete colunas da tabela *em paralelo* para indicar que cada sétima parte elabora a parte anterior até chegar ao seu clímax em Apocalipse 19.11 – 22.17.

Segundo, nesta revelação singular Jesus mostra para os seus servos e suas servas as coisas *que em breve devem acontecer*. Esta é a parte difícil para muita gente, pois são acostumados a pensar em eventos *distantes* do primeiro século e não próximos. Mas se formos levar a sério esta indicação de *brevidade* a revelação começa a fazer cada vez mais sentido, mesmo que a frase "em breve", possa se referir a eventos que já estavam acontecendo, mas que *não se completaram ainda*. Ou seja, também se referem a todos os tempos da igreja, inclusive o nosso tempo e o nosso futuro. Entretanto, eventos sempre compreendidos a partir da execução de eventos do século 1. Por isso, não podemos fazer aplicações "avulsas" desconectadas dessa mensagem

Agora é uma boa hora para deixar clara uma *terceira* observação geral: a progressão de uma sétima parte para outra não é linear ou exatamente direta. Segue mais o modelo de um espiral que volta ao início e vai se ampliando. Por exemplo, o sétimo selo desemboca nas sete trombetas e não apenas na sétima trombeta. Semelhantemente a sétima trombeta desemboca nos sete flagelos e não apenas no sétimo flagelo. Bem, tudo isso é só para seguirmos melhor a sequência de ideias abordadas nesta única revelação e evitarmos a tentação de elaborar "calendários" e apontar para pessoas em outras épocas. Mas vamos voltar agora a nossa atenção para o conteúdo em si, pensando especificamente sobre o sétimo selo.

O sétimo selo

Em Apocalipse 8.1-5 o sétimo selo é introduzido, mas a sua elaboração maior vai até, no mínimo, o final do capítulo 15. Vamos, por enquanto focar só na sua introdução nos primeiros cinco versículos de capítulo oito. Primeiro, quem abriu o selo? O Cordeiro. Julgamentos são provocados, permitidos, controlados, supervisionados, limitados e acompanhados pelo soberano Cordeiro. Segundo, reparamos quase meia hora de silêncio no céu. Para quase todas as pessoas hoje, uma pausa de 1 ou 2 minutos já parece uma eternidade. Meia hora ninguém aguenta, a não ser que esteja em uma trilha sozinho sem sinal de internet... ou esteja dormindo! Mas nas Escrituras o silêncio é vinculado à sensação da santidade e de majestade de Deus, uma profunda reverência e respeito que faz a boca se calar (Hc 2.20; Sl 46.11), e isso especialmente na antecipação do juízo de Deus (Zc 2.12-13) no Dia do Senhor (Sf 1.7), quando o Deus santo julgará um mundo pecaminoso. É justamente este o contexto de Apocalipse 8: um preparo apropriado para o anúncio solene do Dia do Senhor pelos anjos trombeteiros.[48] Silêncio. Pausa. Convite a reflexão e oração. Respire fundo. Sinta o peso da hora.

Logo em seguida são reintroduzidos os sete anjos da presença de Deus (Ap 4.5; 5.6) que anunciam, tocando as trombetas, o conflito e o caos climático que culminará no juízo final de Deus no soar da sétima trombeta final (Ap 10.6b-7). Trombetas de juízo, de alerta, que chamam a arrependimento, conversão, mudança. Trombetas de esperança e amor paciente. Preparando para o reinado do Cordeiro. Ainda não é tarde demais. Deus não tem alegria nem prazer em julgamentos.

Mas antes desses sete anjos tocarem as suas trombetas, cada uma marcando uma fase na Guerra Santa de Deus contra as forças do mal, aparece *outro* anjo para oferecer as orações do povo de Deus (*todos os santos*, Ap 8.3). Essas orações são sacrifícios

48 Na literatura judaica antiga, possivelmente estes sejam "anjos da presença" do trono de Deus (Jubileu 1.27-28; Tobias 12.15) e são os sete espíritos mencionados antes (Ap 4.5; 5.6), sete representantes angélicos das sete igrejas (Ap 2 – 3). Anjos da presença trazem as orações de seres humanos para Deus (Tobias 12.12, 15; 1 Enoque 47.1-2; 99.3; 3 Baruque 11 – 16) e devem ser valorizados.

oferecidos a Deus no formato quase igual das Guerras Santas no Antigo Testamento. Isto é, são precedidas por oráculos do futuro baseados nas realizações maravilhosas de Deus no passado (neste caso a quebra dos primeiros seis selos servem como "oráculos"), e depois, os sacrifícios (neste caso, as orações) são seguidos pelo toque de trombetas que, por sua vez, levam para o conflito em si, quando Deus destrói o mal por sua força.

Em seguida, *outro* anjo, o "anjo do incenso", executa a resposta das orações que "subiam" para Deus na fumaça pelo lançamento "para baixo" do fogo do altar para a terra em forma de trovão, gritos (vozes), relâmpago e um *terremoto*, este último representando uma escalação de Ap 4.5.[49] Tudo isso será escalado novamente no toque da sétima trombeta pelo acréscimo de granizo (Ap 11.15,19b) e no sétimo flagelo climático com um terremoto *forte e grande* e *uma grande chuva* de *granizo* [...] *terrível* (16.17-21). Está vendo como cada fase volta à anterior para ampliá-la e intensificá-la?

A oração

Agora tudo isso nos leva a uma reflexão sobre o papel e a importância da oração como o principal meio de participação pelo povo de Deus no desdobramento da manifestação do juízo e da salvação de Deus. Esta *revelação* de Jesus por meio do seu anjo ao seu servo João *ainda* é revelação e instrução para todos os seus servos e todas as suas servas... para a igreja (Ap 1.1). E a instrução é essa: *nós fazemos parte* da execução do juízo e da salvação de Deus e do Cordeiro, Jesus Cristo! *Nós fazemos parte*! Não somos meros espectadores. Claro que somos as mãos e os

49 O sacerdote no Templo em Jerusalém leva algumas brasas quentes do altar de sacrifícios para o altar de incenso dourado dentro do lugar santo (Lc 1.9). Será aqui mais uma crítica à corrupção dentro do Templo onde os oficiantes praticavam um ritual "só para inglês ver"?

pés de Cristo — corpo de Cristo. Mas acima de tudo nós comovemos (não confunda isso com "manipulamos") Deus. As nossas orações "sobem" aos seus ouvidos e o resultado disso "desce" à terra por meio de atos que "balançam" o mundo. Creia nisso. Confie no seu papel. E ore! Sem cessar! E ore bem-informado também a respeito dos designíos de Deus que aqui procuramos entender e expor. Deus é justo. Deus é compassivo. O mal será inequivocamente julgado. Deus é juiz. Mas Deus também é o Cordeiro sacrificado, mas vivo para salvar. Que sejamos, inclusive em oração, instrumentos dessa salvação.

Finalmente, qual é a mensagem para as "sete" igrejas, e para as igrejas de todos os tempos? O juízo e a salvação estão vindo. Portanto, permaneçamos firmes e fiéis. Fazendo a nossa parte, especialmente colocando as nossas súplicas e os nossos louvores no altar do trono de Deus e do Cordeiro. Ah! Oração nos envolve, nos compromete a ser parte da resposta em ações responsáveis em sintonia com Deus.

Para refletir

- Fique em silêncio alguns minutos diante da majestade e santidade de Deus.
- Pense nas situações no mundo que causam tristeza a Deus: catástrofes climáticas causadas pelo negacionismo e irresponsabilidade humana, guerras causadas pelo ódio, desigualdades sociais causadas pela ganância e discriminação, armas, tráfico de drogas, doenças incuráveis, violência, abusos e fome e faça suas orações ferventes e sinceras.
- Resolva as ações que cabem a você em colaboração com Deus na luta contra o mal.

12

As primeiras cinco trombetas: a criação está gemendo!

Apocalipse 8.6 – 9.12

Então os sete anjos que tinham as sete trombetas se prepararam para tocar. [...] — Ai! Ai! Ai dos que moram na terra, por causa do som das outras trombetas que os três anjos ainda vão tocar! — **Apocalipse 8.6,13**

O toque das sete trombetas ocupa a maior e talvez mais orquestrada parte (Ap 8 – 15) da visão maior (Ap 4 – 22).

As primeiras quatro trombetas trazem uma série de desastres ecológicos, que lembram as pragas do Êxodo. Por meio delas Deus chama o mundo ao arrependimento. Continuando o paradoxo da soberania divina e a responsabilidade humana, a ação de Deus através da natureza não dispensa a responsabilidade da Igreja de engajar-se ativamente no cuidado da criação e formar parcerias com governos e outras organizações para prevenir mais desastres ecológicos.[50]

A primeira trombeta

Repare bem. A própria criação está em crise... e crise séria. Primeiro, *granizo* e *fogo* misturados com *sangue*. Lembra os dias atuais, mas antes, lembra mesmo da sétima praga do êxodo do Egito, quando a mistura de granizo e fogo *destruiu tudo o que havia no campo, tanto pessoas como animais* (Êx 9.23-25), ou seja, sangue derramado. O que Jesus estava dizendo às "sete" igrejas, inclusive à nossa hoje, por meio desta parte da revelação? Está vindo juízo maior ainda do que aquele antigo que era *tão grave, como nunca houve em toda a terra do Egito, desde que veio a ser uma nação* (Êx 9.24). Mas veja o eco da salvação por meio desta alusão ao êxodo. Isto é, se veio juízo sobre o Egito, que assumiu o papel de inimigo de Deus, este juízo veio para o resgate do povo de Deus. Em outras palavras, não se aflija quando um império (egípcio, romano ou qualquer que seja) oprime o povo de Deus. Persevere. O resgate por Deus está seguro, mesmo no meio do conflito.

Essa primeira trombeta é bem atual, não é? Especialmente para nós, no Brasil, que já perdemos quase 20% da mata amazônica.[51] Já perdemos uma *terça parte das árvores* (Ap 8.7)! Com uma quinta parte já perdida, os cientistas já estão prevendo a transformação da Amazônia legal (60% do território nacional) em savanas, e o cerrado (25% do território nacional) em áreas bem mais desertas. Faça a conta: 60 mais 25 = 85%. Esta é a situação para a qual o Brasil está caminhando atualmente, e isso implicará cada vez mais em perda de vida... sangue.

50 Nota sobre Apocalipse 8.7-12 da *Bíblia Missionária de Estudo*.

51 SOUZA, Felipe de. "Quanto da floresta amazônica já foi desmatado? Quanto ela 'vale'?", in: *CNN Brasil*, 06/08/2023. Disponível em: https://cutt.ly/8rwAI73K (acesso em 19/02/2025).

A segunda, terceira e quarta trombetas

E o toque da segunda, terceira e quarta trombetas? Mais fogo e mais sangue derramado. Respectivamente anunciam destruição de mares junto com as suas criaturas e embarcações, destruição de rios e fontes de água doce e ainda mudanças cósmicas diminuindo a luz que ilumina a terra. Com o toque da terceira trombeta as águas se transformam em absinto, uma erva muito amarga que pode ser até fatal. No Antigo Testamento, o absinto serve de metáfora para a perversão da justiça (Dt 29.16-19) e castigo divino (Jr 9.12-16; 23.15). Por isso, ao beber água contaminada com absinto, muitas pessoas morrem. No toque da quarta trombeta, um terço da fonte de luz para a terra é cortada e assim também vida é cortada. Estas são as primeira *quatro* trombetas. Faltam *mais três* e estas anunciam coisas mais horríveis ainda. Depois do toque da quarta trombeta vem uma "águia" — provavelmente um abutre (Os 8.1, conforme a versão grega; Lc 17.37) que se alimenta de defuntos — anunciando três "ais" para as três trombetas restantes que ainda vão tocar (Ap 8.13).

Detalhes:

Primeiro: novamente, a quinta, sexta e sétima em uma série de sete cresce e se intensifica. *Segundo*: estes sete julgamentos são mais terríveis que os sete selos. Entretanto, as sete trombetas também anunciam a salvação vindoura. O seu cenário termina mesmo em alegria e coroação virtual, como foi em Apocalipse 5. Por pior que sejam os julgamentos, não são, pelo menos os primeiros, punitivos ou finais, são exortações destinadas a levar as pessoas ao arrependimento. Seu alvo final é proclamar a calma e a vitória que seguem a tempestade, mesmo sendo uma tempestade descrita com os mínimos detalhes propositalmente chocantes: gafanhotos demoníacos e parecidos com cavalos em estado de guerra, com rostos de seres humanos, cabelos de mulher e dentes de leão. Difícil até de imaginar. E esse é justamente o ponto. Por mais terrível que pareça o juízo vindouro, a salvação que vem depois é inúmeras vezes maior do que a imaginação mais maluca que possamos ter. *Terceiro*: com os três "ais" que correspondem às últimas três trombetas, entra a dimensão demoníaca. Obviamente, é preciso esclarecer.

A quinta trombeta (Ap 9.1-12)

Com o toque da quinta trombeta uma estrela caiu do céu sobre a terra, a "estrela" sendo evidentemente um ser vivo pois recebe e a chave do poço do abismo. E ao abrir o poço saiu fumaça e "gafanhotos" infernais para atormentar, mas não matar, as pessoas que não pertenciam a Deus. Os detalhes são intrigantes e aterrorizantes — justamente o seu papel. Mas dois detalhes são importantes para entender esta passagem. *Primeiro*: os "gafanhotos" tinham por rei o anjo do abismo, justamente aquela "estrela". *Segundo*: aquele abismo tem nome, *Abadom*[52] em hebraico — que significa "destruidor" — e *Apoliom*[53] em grego. Com estas palavras nas duas principais línguas das Escrituras, obviamente Jesus quer que os *primeiros* ouvintes — e nós — entendamos. Eles e elas entenderam bem as referências dentro do contexto deles, que nós não vivemos. Nós, hoje, precisamos de ajuda. Vamos lá.

Primeiro, o *abismo* originalmente se referia às águas de caos que cobriam a terra antes da criação (Gn 1.2) que Deus então isolou (Sl 37.7). Era onde morava o grande monstro marítimo, Leviatã (Sl 104.25-26). No dia da salvação do seu povo, Deus prometeu matar esta serpente veloz e sinuosa (Is 27.1). Está começando a entender? No desenvolvimento das ideias judaicas antigas o abismo era o lugar onde ficavam as criaturas más

52 Um outro nome para Hades, a terra dos mortos (Jó 31.12; Sl 88.11; Pv 15.11; ver Ap 6.8).

53 Pode ter alguma conexão ao deus Apolo cujo símbolo era o gafanhoto.

— demônios e anjos caídos (1 Enoque 18 – 21). Pronto, agora a identidade dos "gafanhotos" ficou mais clara, não?

Segundo, várias passagens judaicas e cristãs, dentro e fora das Escrituras, falavam de "anjos ou espíritos caídos", especialmente aqueles que encontramos em Gênesis 6.1-4. Praticamente todas estas passagens entenderam que estes seres eram aprisionados em algum buraco ou abismo.

> *Naquele dia, o* SENHOR *castigará, nas alturas, os exércitos celestiais, e, na terra, castigará os reis da terra. Serão ajuntados como presos em masmorra e encerrados num cárcere; e, depois de muitos dias, serão castigados.* — **Isaías 24.21-22**[54]

> *E novamente o Senhor disse a Rafael: 'Amarra as mãos e os pés de Azazel*[55]*, e lança-o nas trevas: e faz uma abertura no deserto, que está em Dudael, e lança-o lá. E coloque sobre ele pedras ásperas e irregulares, e cubra-o com trevas, e deixe-o permanecer lá para sempre, e cubra seu rosto para que ele não veja a luz. E no dia do grande julgamento ele será lançado no fogo.* [tradução nossa] — **1 Enoque 10.4-6**[56] (também 10.12; 18.14-19; 21.6-10; 90.23-27)

> *Mas Noé encontrou graça diante dos olhos do Senhor. E contra os anjos que Ele havia enviado à terra, Ele ficou extremamente irado e deu a ordem de arrancá-los de todo o seu domínio e ordenou-nos que os amarrássemos nas profundezas da terra, e eis que eles estão*

54 Estes "exércitos celestiais" sendo forças rebeldes (Dt 32.8; Dn 10.13).

55 Claramente uma figura demoníaca.

56 1 Enoque foi escrito próximo, se não durante o período da Igreja Primitiva.

> *presos no meio deles, e são (mantidos) separados.* [tradução nossa] — **Jubileu 5.5-6**
>
> *E a anjos — os que não guardaram o seu estado original, mas abandonaram o seu próprio lugar — ele tem guardado sob trevas, em algemas eternas, para o juízo do grande Dia.* — **Judas 6** *(também 2Pe 2.4)*
>
> *... no qual [Cristo] também foi e pregou aos espíritos em prisão, os quais, noutro tempo, foram desobedientes, quando Deus aguardava com paciência nos dias de Noé...* — **1 Pedro 3.19-20a**

Terceiro, a pregação de Cristo *aos espíritos em prisão* nesta última passagem pode ser a ideia também da referência na doxologia de 1 Timóteo 3.16 de que Cristo foi *justificado em espírito* [ascensão], *visto pelos anjos* e ainda mais de Efésios 4.8, (citando Sl 68.18) que diz: *Quando ele subiu às alturas, levou cativo o cativeiro.* A cosmovisão judaica acreditava que os principados e potestades — e até mesmo Satanás — habitavam uma região entre o céu e a terra. Este é um dos motivos pelos quais o pressuposto era de que os planetas eram seres ou anjos celestiais ("o exército celestial") e porque Satanás era chamado de "príncipe da potestade do ar" (Ef 2.2). Diante disso, 1 Pedro 3.19 conta a ascensão de Cristo para os anjos no seu caminho para o céu quando, então, ele proclama a sua vitória sobre tais poderes e assim faz com que o seu cativeiro seja mais permanente e a sua condenação, segura. À luz disso, Apocalipse 9.1-12 e 20.1-2 falam do confinamento de Satanás em algum buraco ou abismo e depois da sua libertação posterior. Paciência. É muita coisa. Vá devagar. Não perca os temas principais e claros.

Para reflexão

- Ouça e sinta o gemido da criação no caos ecológico descrito em Êxodo 7.14 – 12.36, Apocalipse 8.6 – 9.12 e no mundo hoje.
- Você colabora com as forças do mal e com o negacionismo, que são instrumentos nessas pragas, ou com as forças do bem, que querem preservar a vida e reverter o mal?
- Pense em todo o mal destruidor no mundo e depois na esperança e confiança que Jesus nos dá mostrando seu poder para prender e derrotar o mal.

13

A sexta trombeta: o caminho para a batalha final

Apocalipse 9.13-21

O resto da humanidade, isto é, aqueles que não foram mortos por esses flagelos, **não se arrependeu** *das obras das suas mãos: eles não deixaram de adorar os demônios e os ídolos de ouro, de prata, de bronze, de pedra e de madeira, que não podem ver, nem ouvir, nem andar. Também não se arrependeram dos seus homicídios, nem das suas feitiçarias, nem da sua imoralidade sexual, nem dos seus furtos.* — **Apocalipse 9.20-21** (ênfase acrescentada)

Quando o sexto anjo toca a trombeta tudo começa a se encaminhar em direção ao que C. S. Lewis chamou da "batalha final". O cenário é cada vez mais sóbrio, para não dizer aterrorizante. Vem em três partes: primeiro (Ap 9.13-16), o ajuntamento das tropas montadas; segundo (Ap 9.17-19), a devastação pelos cavalos e seus cavaleiros de um terço da população humana;

e por fim (Ap 9.20-21), a resistência dos sobreviventes da praga à advertência divina e sua persistência nos seus maus caminhos. Em tudo isso mais uma vez testemunhamos a soberania divina, pois tudo se inicia ultimamente do trono celestial. Vejamos cada parte, uma por uma.

O ajuntamento das tropas montadas (Ap 9.13-16)

A voz que vinha do altar que João ouviu (Ap 9.13) nos lembra que ele *ainda* está naquele cenário celestial inicial para onde foi transportado "no espírito" para estar diante de "um trono armado no céu" (Ap 4.2). [Lembrete: o livro de Apocalipse é uma só revelação cujas partes não devem ser interpretadas como uma sequência cronológica, mas como expansões e elaborações, cada parte, das partes anteriores até chegar ao seu clímax nos capítulos 20 – 22.] Lemos sobre este *altar* do trono pela primeira vez em Apocalipse 6.9 e mais tarde em Apocalipse 8.3 para introduzir o toque de todas as sete trombetas. O altar, descrito a partir de Êxodo 30.1-3, é feito de ouro e com quatro pontas (literalmente "chifres", que são pontas). Estas pontas agora se dirigem como uma só voz de Deus para o sexto anjo que tocou a trombeta e manda este anjo *soltar* mais quatro anjos, que por sua vez são vinculados ao Rio Eufrates para o Norte de Israel, de onde Israel sempre recebia os mais temidos ataques — da Babilônia, da Assíria, dos gregos e dos romanos — e de onde tanto os romanos quanto os judeus temiam a invasão dos perigosos guerreiros partos, que por duas vezes haviam derrotado recentemente até o exército romano. Quatro anjos já aparecem nesta revelação em Apocalipse 7.1 em cada canto da terra, aquela vez para impedir o alcance das pragas sobre a terra até que o povo de Deus fosse selado, isto é, protegido. O cenário com o seu vasto exército pronto para a batalha lembra também a profecia de Ezequiel contra Gogue e Mogue (Ez 38 – 39).

O propósito de soltar os quatro anjos era arrepiante: para a destruição de um terço da humanidade. Entretanto, lemos que a destruição não vem especificamente destes quatro anjos, mas de um exército de uma magnitude que simplesmente não dá nem para imaginar, muito menos calcular, pelo menos não naquela época. Porque *vinte mil vezes dez milhares* dará uma cavalaria de 200 milhões, mais do que a população mundial daquela época. Para ter uma ideia, o espaço que tal cavalaria ocuparia seria de 137 mil quilômetros de extensão se tivesse um quilômetro de largura. Era tão difícil visualizar um número tão grande que João conclui, *eu ouvi o seu número* (Ap 9.16). Como, então, serão?

A devastação de um terço da população humana (Ap 9.17-19)

O que João viu eram *cavalos* e os seus *cavaleiros* literalmente apocalípticos, no sentido mais popular. Coisa de filmes de terror. Cavaleiros com couraças coloridas de vermelho de fogo, azul escuro e amarelo. E cavalos com cabeças parecidas com leão, bocas que expiravam fogo, fumaça e enxofre como um dragão, rabos parecidos com serpentes e cabeça de serpente. Cavalos demoníacos de destruição!

Realmente um cenário cuja intenção era instilar medo, não só respeito ou reverência, mas medo mesmo. E levar ao arrependimento.

A resistência ao arrependimento (Ap 9.20-21)

Finalmente chegam à conclusão todas as seis pragas anunciadas pelo toque das seis trombetas que começaram em Apocalipse 8.6, e nos surpreende ainda mais. A implicação clara das pragas é que os atingidos entenderam que o sofrimento e destruição vinham como castigo divino. Mas diante de tamanha destruição mundial, aqueles que não morreram, o restante da humanidade, *não se arrependeu*! Ou seja, não se voltaram para Deus. Vemos até onde chega a resistência humana às advertências de Deus. Isso nos lembra a resistência do faraó às repreensões de Deus por meio das pragas e toda a história do êxodo.

João conclui de modo típico da perspectiva bíblica a respeito da idolatria. Para entender, vamos considerar uma passagem de Paulo e duas passagens de Isaías:

> *O que quero dizer com isto? Que o que é sacrificado ao ídolo é alguma coisa? Ou que o próprio ídolo tem algum valor? Não! Digo que as coisas que eles sacrificam são sacrificadas a demônios e não a Deus; e eu não quero que vocês estejam em comunhão com os demônios. Vocês não podem beber o cálice do Senhor e o cálice dos demônios; não podem ser participantes da mesa do Senhor e da mesa dos demônios.* — **1 Coríntios 10.19-21**

> *Pois, tu, SENHOR, abandonaste o teu povo, a casa de Jacó. Porque eles se encheram da corrupção do Oriente, são adivinhos como os filisteus e se associam com os filhos dos estrangeiros. A terra de Israel está cheia de prata e de ouro, e não têm fim os seus tesouros. Também está cheia de cavalos, e são incontáveis os seus carros de guerra. A terra de Israel também está cheia de ídolos. Eles adoram a obra das suas mãos, aquilo que os seus próprios dedos fizeram.* — **Isaías 2.6-8**

> *Todos os artífices de imagens de escultura são nada, e as coisas que eles tanto estimam não têm valor nenhum.*

> *Eles mesmos são testemunhas de que elas nada veem, nem entendem, para que sejam envergonhados. Quem formaria um deus ou fundiria uma imagem de escultura, que não tem valor nenhum? Eis que todos os seus seguidores ficarão envergonhados, pois os artífices não passam de homens. Que todos eles se reúnam e se apresentem! Sentirão pavor e, todos juntos, serão envergonhados.* [...] *Deveria eu me ajoelhar diante de um pedaço de madeira? Tal homem [que constrói ídolo de madeira] se apascenta de cinza; o seu coração enganado o iludiu, de maneira que não pode livrar a sua alma, nem dizer: "Não é uma mentira isso que tenho em minha mão?"* — **Isaías 44.9-11,19c-20**

Na conclusão João revela sua intenção nas três partes. *Primeiro*, ele descreve o mundo pagão como um mundo de adoração de demônios, como fez o apóstolo Paulo (1Co 10.20; Sl 96.5). Isso reflete a perspectiva dos judeus especialmente na época da Igreja Primitiva e logo antes. Em *segundo* lugar, João reconhece o conceito judaico comum de que os falsos deuses, de fato, tinham poder, mas este poder era demoníaco, não procedia do Deus vivo. Assim, parte para zombar daqueles que adoram ídolos (veja Dt 4.28). E *finalmente*, e pior (!), João, junto com os profetas, reconhece que as pessoas se tornam como os "deuses" (leia: "demônios") que elas cultuam. São advertidas pelas seis pragas anunciadas pelas seis trombetas anteriores, aqui resumidas por três dos Dez Mandamentos: "seus homicídios", "sua imoralidade sexual", e "seus furtos" e João ainda inclui, como se para interpretar estes três, "as suas feitiçarias" (veja Na 3.4).

Nessa descrição de todas as seis pragas, a preocupação de João é dupla: acima de tudo, que o Deus de toda a graça ainda oferece misericórdia para quem está disposto a se arrepender, mas que a justiça final de Deus virá como juízo contra todas as formas de injustiça humana. Logo, estas seis pragas não são parte do juízo *final* contra a rebelião e pecado humanos. Em vez disso, são juízo e advertência para aqueles que permanecem na sua injustiça e opressão dos outros. O uso repetido de "um terço" serve de sinal apocalíptico para lembrar os leitores que estas pragas não são o ato final do plano de Deus. Há um paralelo com a história do êxodo, quando as pragas serviam de destacar a grandeza de Deus diante do faraó, que foi advertido diversas vezes e teve bastante oportunidade para se arrepender. Agora, por meio das seis pragas que alcançam toda a população humana — na época das sete igrejas e em todas as épocas e lugares — os inimigos do Cordeiro de Deus que morreu pelo pecado *do mundo* estão sendo julgados e, ao mesmo tempo, recebendo oportunidade para o arrependimento — inclusive pelo nosso anúncio do Evangelho. Corações endurecidos podem ainda ser quebrantados. No mundo criado por um Deus soberano acima de todos e tudo, o acaso não existe. A mão de Deus está guiando todos os eventos que traspassam pela terra. Um Deus compassivo redentor e justo juiz!

Agora, depois da sexta trombeta vem a sétima? Imediatamente não. Lembra-se dos três "ais" depois da quarta trombeta (Ap 8.13)? Então, o primeiro "ai" foi concluído depois da quinta trombeta (Ap 9.12) sobrando mais dois que ainda estão porvir: da sexta e da sétima trombeta. Mas nada se fala do segundo "ai" depois da descrição da sexta trombeta em Apocalipse 9.13-21. Ele é concluído somente em Apocalipse 11.14, isto é, depois de mais dois eventos, que evidentemente servem para *avançar e ampliar* a mensagem da sexta trombeta que acabamos de ver. Já veremos estes dois eventos.

Para reflexão

- Pense nas idolatrias ou falsos deuses hoje: ganância, poder, dinheiro, sucesso, popularidade, prazer, egoísmo, nacionalismo, identidade étnica, doutrina reta, moralismo hipócrita, classe social, redes sociais, o mercado, lucro, partidos políticos. Não são maus em si, mas seu exagero ou uso destruidor pode ser demoníaco.
- Considere as armas do poder demoníaco hoje: ódio, discriminação, abuso sexual ou econômico, violência, guerras, mentiras, falsas informações, o império das ideologias.
- De que lado você está nessa guerra? Há algo de que se arrepender e mudar?

14

A primeira ampliação: O mistério de Deus se cumprirá

Apocalipse 10

> *Então o anjo que vi em pé sobre o mar e sobre a terra levantou a mão direita para o céu e jurou por aquele que vive para todo o sempre, o mesmo que criou o céu, a terra, o mar e tudo o que neles há, dizendo:*
> *— Já não haverá demora, mas, nos dias da voz do sétimo anjo, quando ele estiver para tocar a trombeta, então se cumprirá o mistério de Deus, como ele anunciou aos seus servos, os profetas.* — **Apocalipse 10.5-7**

Você quer uma síntese da mensagem das primeiras seis trombetas até este ponto (Ap 8 – 9)? Vamos lá. A história cristã, do século 1 até hoje, é uma história de ***perseverança*** *da igreja* diante da perseguição física, política, social ou econômica por aquelas pessoas e aqueles sistemas sociais que são injustos e idólatras (seguindo outro sistema de vivência que não seja de Deus). Também é um período de ***juízo***, mesmo que não seja visível, total e final, sobre todas as formas e pessoas caracterizadas pela injustiça moral, social, econômica ou de qualquer jeito.

Os próximos dois eventos (o primeiro em Ap 10 e o segundo em Ap 11.1-14) servem para nos preparar para *o grand finale* com o toque da sétima ou última trombeta a partir de Apocalipse 11.15, cujos eventos nos levam até o final desta revelação singular em Apocalipse 22.7.

A mensagem central deste primeiro de dois eventos em Apocalipse 10 é simples — *já não haverá demora* — a mesma mensagem que conclui a revelação de Jesus para João em Apocalipse 22.7 — *Eis que venho sem demora*. Obviamente, a "demora" aqui é bem relativa, afinal até hoje está demorando dois mil anos e ainda estamos contando (veja 2Pe 3.8-10; Sl 90.4 e Jo 7.30; 8.20; 12.23; Mt 24.36)!

A *Bíblia Missionária de Estudo* bem fala a respeito destas passagens: "A longa demora antes da sétima trombeta reflete a situação da Igreja aguardando a volta de Cristo". E mais ainda, "Apesar da aparente demora, o Deus soberano do universo está cumprindo seu programa pontualmente".[57] Falta pouco para chegarmos ao fim! Vamos resistir! Vamos perseverar! Vamos confiar! Vejamos com mais detalhes este primeiro avanço e primeira ampliação em Apocalipse 10.

Outro anjo forte (10.1-4)

João está na terra. Quem é o "anjo forte" que João vê descendo do céu? O personagem principal que está no controle, limita o poder do mal e que vai intervir e colocar um ponto final. É o Cordeiro de Deus. Poderoso. Vitorioso. Onipresente. Como Deus soberano no trono em Apocalipse 4.1-3, é cercado pelo arco-íris, símbolo da aliança com a criação. É o Anjo da Aliança.

57 Notas sobre Apocalipse 10.1 – 11.14 e 10.6-7 da *Bíblia Missionária de Estudo*.

Seu rosto brilha como o sol, que nos lembra da visão do Cristo exaltado em Apocalipse 1.16.

O primeiro evento nesse interlúdio é uma visão de sua segunda descida do céu *envolto em nuvem*. E tem *na mão um livrinho aberto* (compare Ap 5.1). Sua voz é tão *forte* que faz soar *sete trovões.* E o que dizem? Qual é o conteúdo do livrinho? Não é mais selado. Está aberto. O Cordeiro tem o direito de abri-lo (Ap 5.1-10; 6.1 – 8.1). João quer escrever a mensagem dos sete trovões. Porém, ainda é segredo. Mistério. Quando Jesus voltará? Com sua inspirada imaginação profética, João certamente se lembra do anjo e do livro selado em Daniel 12 e sua pergunta: "Quando???" É segredo. Mistério divino (Dt 29.29). No entanto, com pistas.

O tempo está se esgotando (10.5-7)

— *Já não haverá demora*. Os últimos mistérios da história da salvação e do propósito de Deus. Um Deus livre. Pessoal. Sentado no trono. Não é inteligência artificial programada. E parece que Deus revela ao seu povo apenas o que precisamos saber e quando precisamos saber. Sem especulações. Sem datas marcadas. Os dias estão difíceis para João e suas igrejas e no mundo hoje também estão. Nossa consolação enquanto esperamos? Está tudo na mão de Jesus Cristo, o anjo forte que controla tudo. Podemos esperar, ficar firmes na fé e confiar nele. A tribulação e os horrores vão passar.

Atenção! Prossiga com cuidado. Há muitas especulações erradas. Até no Carnaval de 2023 havia um cantor profetizando que Jesus voltaria em 5 a 10 anos. Sobre isso, Valdinei Ferreira comentou:

> Essa ideia de ficar marcando a volta de Jesus [...] é uma ideia profundamente equivocada [...] é uma ideia que contribui para criar uma religião que adoece as pessoas [...] faz mal para o planeta [...] Afinal de contas, se Jesus está voltando daqui a 5, 10 anos, por que eu vou me preocupar em cuidar do planeta?[58]

Ferreira ainda diz categoricamente: "Jesus veio, Jesus está vindo todos os dias (Mt 28.20; Ap 3.20) e Jesus virá para restaurar este mundo". Ele cita N. T. Wright que explica que a segunda vinda de Cristo não é o momento em que Cristo arrebata a igreja (como dizem pseudoteologias), mas o momento em que ele voltará para redimir o mundo do cativeiro do pecado e do mal e estabelecer definitivamente o Reino do céu na terra. Por isso, Wright diz, "Jesus Está Voltando, Plante uma Árvore".[59] Os cientistas nos ensinam que é urgente preservar as matas e rios, cuidar dos oceanos e reduzir drasticamente a emissão de gases poluidores. Sim, o tempo está se esgotando para preparar o planeta para a volta do Rei, que vai trazer o céu para a terra e reinar. Esse é o "mistério de Deus" que o "sétimo anjo" vai anunciar, literalmente "evangelizar". Sim, a proclamação do Evangelho inclui a notícia da volta de Cristo (veja, como exemplo, At 10.42; 17.31).

Eis o mistério de Deus

É o propósito redentor de Deus às vezes oculto nos escritos proféticos, mas esclarecido no Novo Testamento, como Paulo diz em

58 FERREIRA, Valdinei, "Menos Baby, mais Jesus", in: *Mapa Centrante*, #49 Live Centrante, 25/02/2024. Disponível em: https://cutt.ly/grwFZFVo (acesso em 19/02/2025).

59 LIMA, Vinicius, "Por que um blog sobre N.T. Wright?", in: *Diálogos com N.T. Wright*, 3 de fevereiro de 2016. Disponível em: https://cutt.ly/nreNna7m (acesso em 24/02/2025), baseado em WRIGHT, N. T. *Surpreendido pelas Escrituras,* cap. 5. (Viçosa/MG: Ultimato, 2015.)

Romanos 16.25-26. Esse propósito inclui o julgamento do mal e a salvação escatológica de seu povo no novo céu e na nova terra.

Devorando o livrinho doce-amargo (10.8-11)

João não é mero espectador ou repórter. É um importante personagem no evento. Recebe a ordem: *Pegue o livrinho e devore-o.* Não é só ler. *Devore!* João está reimaginando quadros bíblicos que conhece bem, como Ezequiel, que comeu um livro de lamentação e luto que virou "doce como mel" (Ez 2.8-3.3; veja Sl 19.10; 119.103). O livro que João vai devorar contém o plano de Deus para sua criação, uma mensagem amargo-doce de julgamento e salvação. Todo pregador e pregadora da Palavra de Deus conhece esse sabor, essa amargura no estômago ao refletir sobre as implicações e as reações negativas como as lágrimas amargas de Jesus ao ver Jerusalém (Lc 19.41; Mt 23.37-38). Porém, vira doce quando é aceita, assimilada, praticada e frutífera.

Para Reflexão

Você está devorando o livro de Apocalipse? Quais são as amarguras? E as doçuras? O que vai fazer para colaborar com o propósito de Deus para sua criação e a humanidade? Para se preparar para o novo céu na terra?

15

A segunda ampliação: As duas testemunhas

Apocalipse 11.1-14

Foi-me dado um caniço semelhante a uma vara, e também me foi dito:
— Levante-se e vá medir o santuário de Deus, o altar, e os que adoram no santuário. Mas deixe de lado o átrio exterior do santuário e não o meça, porque esse átrio foi dado aos gentios, que, por quarenta e dois meses, pisarão a cidade santa. Darei autoridade às minhas duas testemunhas para que profetizem durante mil duzentos e sessenta dias, vestidas de pano de saco. — **Apocalipse 11.1-3**

Horrores! A sexta trombeta ainda está tocando! Esta é a segunda ampliação do toque da sexta trombeta, que fala da rebeldia humana e teimosa resistência ao arrependimento diante do juízo de Deus e da necessidade, por parte do povo de Deus, de perseverar em meio à perseguição e tribulação que ocorrem durante este período de juízo, que é o período atual em que as setes igrejas estão vivendo e sofrendo. Lembremo-nos das palavras de Jesus: *Aquele, porém, que ficar firme até o fim, esse será salvo* (Mt 24.13). Essa complexa temática é desenvolvida nesta segunda ampliação, que antecipa cada vez mais a ênfase na salvação de Deus que está por vir. Além da introdução nos primeiros dois versículos de Apocalipse 11 e o fechamento no v. 14, podemos dividir a passagem em três partes: primeiro, vv. 3-6 sobre as duas testemunhas; depois, vv. 7-10 sobre o martírio destas duas testemunhas em Jerusalém, e por fim, vv. 11-13, o poder da ressurreição que pode levar os resistentes ao arrependimento e a uma nova postura. Vejamos.

Introdução (vv. 1-2)

A princípio, João ouve uma voz misteriosa, do Espírito[60], que disse para ele medir o *santuário de Deus* junto com o seu altar e os seus adoradores, mas não a área imediatamente fora do santuário, que era profanada pelos "gentios", isto é, os povos que não adoravam a Deus. Isso durante um período especificado: 42 meses — 1.260 dias — ou, como profetizado antes, 3 anos e meio (Dn 8.25; 12.7), que é o período de corrupção e tribulação que antecipa o período final. Deus está atento. Vê tudo. Nesse período as sete igrejas para as quais João escrevia estavam sofrendo (Ap 2.3,9-10; 3.10). Por isso, vem o apelo no contexto da luta para cada uma das sete igrejas serem "vencedores"!

60 A voz é claramente divina, já que confere autoridade para "minhas duas testemunhas" (v. 3). Ao mesmo tempo, não pode ser nem o Deus Pai e nem o Deus Filho, que são mencionados na mesma passagem não pela primeira pessoa do singular, mas pela terceira pessoa do singular (vv. 1,11 e 13 para Deus Pai e v. 8 para Deus Filho). É a voz do Espírito Santo de Deus que inspira os profetas e fala pelo Senhor (Ap 2.7,11,17,29; 3.6,13,22; 14.13).

> Embora haja quem pense que se trata de uma profecia sobre dois homens que se levantarão nos tempos do fim, parece preferível entender este trecho como um símbolo do testemunho missional da Igreja. Há ecos de Mt 10 e Lc 10.... dois candelabros. Veja 1.20, que confirma a aplicação às igrejas. Apenas duas das sete igrejas dos caps. 2—3 não receberam nenhuma crítica da parte de Cristo (Esmirna e Filadélfia). Há alusão também a Zc 4.2-3. A natureza simbólica da linguagem é óbvia nos vs. 7-8.[61]

As duas testemunhas (vv. 3-6)

Em seguida, o Espírito fala de duas[62] testemunhas cristãs que "profetizarão" durante este mesmo período de profanação. Isto é, elas darão testemunho com um apelo para o arrependimento indicado pelo *pano de saco* (v. 3; veja Is 20.2).

É um forte apelo contra a corrupção. Só que os não adoradores rejeitaram a mensagem das testemunhas e entenderam seu apelo como tormento (v. 10). Por isso, foram mortas. E veja no v. 8 onde colocaram seus corpos. Parece ser o local do santuário de Deus, o templo em Jerusalém. Mas depois é explicitado, *onde o seu Senhor foi crucificado*. Sim, Jerusalém, mas agora, preste bem a atenção, essa *grande cidade* (Mt 5.35) *espiritualmente, se chama Sodoma*[63] *e Egito*. Que coisa! Que mudança! Que decaída!

---

61 Nota sobre Apocalipse 11.3-13 e 11.4 da Bíblia Missionária de Estudo.

62 De acordo com as Escrituras, duas testemunhas são necessárias para sustentar uma acusação (Dt 19.17).

63 Sodoma era um título profético de julgamento para Jerusalém (Is 1.9-10; Jr 23.14; Lm 4.6), um lugar de opressão, escravidão e muita imoralidade. Sodoma foi destruída por enxofre e fogo em Gn 19.24,28 (veja Dt 29.23; Jó 18.15; Sl 11.6; Is 30.33; 34.9; Ez 38.22; Lc 17.29). Egito representava, ao longo de toda a história de Israel, o grande opressor, junto com a Babilônia.

Sabemos que o Jesus terreno criticava Jerusalém severamente, principalmente por causa da corrupção das elites do Templo[64].

Agora o Jesus glorificado revela para João, por meio do seu Espírito, que a grande cidade das Escrituras estava corrompida mesmo diante do testemunho de suas duas testemunhas. E sabe quem são? As duas igrejas (caps. 2 e 3) que não haviam se corrompido: Esmirna e Filadélfia. Já pensou? Surge, então, uma pergunta séria para nós hoje. De todas as "sete" igrejas em toda a história, fazemos parte das "duas" que permanecem fiéis no seu testemunho contra a corrupção na sociedade e na igreja e a favor do Reino do Filho amado de Deus (Cl 1.13)?

O martírio das duas testemunhas (vv. 7-10)

Em seguida aprendemos que a audiência das duas testemunhas não se restringe à grande cidade física de Jerusalém, agora vista como perversa. A audiência da sua mensagem profética do Evangelho é mundial, feita de *muitos dentre os povos, tribos, línguas e nações* (v. 9). Jerusalém agora representa todo lugar onde a mensagem profética é ridicularizada e rejeitada por representantes de todos os povos do mundo. Tanto a evangelização quanto a batalha e rejeição espiritual são universais. Essa rejeição leva a perseguição e morte. O desprezo que estes não adoradores têm para com as testemunhas do Evangelho é descrito em termos diabólicos como uma guerra da *besta que surge do abismo* contra o testemunho profético. Por enquanto, a besta não é identificada, mas certamente lembra o anjo do abismo do toque da quinta trombeta (Ap 9.1-11) e aponta para a besta de Apocalipse 13.1 e 17.8 que serve aos interesses de Satanás. Veremos depois que é uma referência via o Império Romano aos sistemas corruptos deste mundo que celebram a aparente derrota e fraqueza do

64 Veja Mt 16.21; 20.17-19; 21.12-13, 18-20; 23.37 – 24.2 e paralelos.

testemunho cristão. Porém, esta não é ainda a última palavra e a última visão da revelação de Jesus para João! Não desanime! Aguarde! Lembrando que tudo, inclusive a morte das testemunhas, está sob o controle de Deus (Mt 21-22,28).

> os povos, tribos, línguas e nações. Veja 5.9; 7.9 e notas. Se haverá salvos de todos os grupos étnicos, haverá também perdidos em todos eles. A batalha espiritual é tão universal quanto a pregação do evangelho.[65]

A postura dos resistentes ao apelo a arrependimento (vv. 11-13)

A morte não é a última palavra. A besta não tem a última palavra. Pois, logo em seguida, vem a ressurreição das testemunhas. É através da tribulação e martírio que os cristãos/ãs concluem seu testemunho e entram na presença de Deus. No presente tempo o Reino de Deus é oculto e misterioso.

> Aqui a reação parece ser diferente, mas a linguagem de "dar glória a Deus" nem sempre significa arrependimento genuíno (veja Js 7.19; 1Sm 6.5). Seja como for, a Igreja sempre deve testemunhar, na esperança de que os ouvintes se arrependam (At 2.38; 3.19; 5.31; 8.22; 11.18; 17.30; 20.21; 26.20; veja Jr 26.3; 36.3).[66]

---

65 Nota sobre Apocalipse 11.9 da Bíblia Missionária de Estudo.

66 Nota sobre Apocalipse 11.13 da Bíblia Missionária de Estudo.

E como fica a zombaria pelos não adoradores de Deus? Cai por terra! Aliás, estes ficam com medo! E esse medo se transforma em terror e um irônico ou hipócrita "glória a Deus" quando os não adoradores testemunham a morte de um décimo deles por terremoto e a ascensão das testemunhas para o céu. Uma décima parte! Ou seja, Deus ainda poupa 90% dos não adoradores para dar oportunidade para o seu possível e eventual arrependimento. O julgamento sempre vem. Não falha. Entretanto, o juízo de Deus sempre visa à conversão.

O fechamento (v. 14)

Assim fecha o segundo "ai" que envolve o toque da sexta trombeta (Ap 9.13-21) e suas duas elaborações (Ap 10.1 - 11.14). Não só fecha como abre o caminho para o terceiro "ai" que vem *sem demora*. Como anunciado em Apocalipse 10.7 a fase decisiva do plano de Deus para o mundo vem a partir da voz do sétimo anjo por meio do toque da trombeta. A elaboração disso é longa (Apocalipse 11.15 – 15.8) e por isso faremos em partes, a saber, uma série de eventos em *sete* partes marcadas por sete *sinais*.

Como você está, querido leitor, cara leitora? Apocalipse não é para iniciantes nem para especuladores que querem usá-lo como uma arma para identificar nomes ou datas, sem uma reflexão pessoal, e tiram seu corpo do rumo, sem assumir sua responsabilidade. Se você chegou até este ponto, não é iniciante. Se tudo não está claro e fácil, não se preocupe. Jesus revelou coisa demais para João e suas igrejas na Ásia. É preciso ler, reler, meditar, refletir e pensar muito. Enfim, é um mergulho nas profundezas das Escrituras. É o desfecho de toda a Bíblia, de todo o plano redentor do Criador para o Universo! É um livro sobre julgamento e salvação. E é sempre um convite para reflexão, arrependimento, conversão e crescimento. Fique firme. Há muito mais para refletir.

Para reflexão

- Antes de subir ao céu, Jesus disse: *Serão minhas testemunhas...* (At 1.8; Lc 24.47-48). O que significa para você e para sua igreja ser testemunha de Jesus hoje?
- Para ser uma testemunha fiel com credibilidade e coerência em nosso mundo, é preciso ter integridade, honestidade, humildade, compaixão, solidariedade, sustentabilidade e coragem. Quais dessas qualidades você precisa cultivar e praticar mais?
- O testemunho da igreja perde validade quando existe ganância por poder ou dinheiro, corrupção, exploração, mentira, discriminação, preconceito, ódio, cobiça, divisão e violência. Quais desses pecados você e sua igreja precisam renunciar e abandonar?
- Como você e sua igreja fazem um apelo ao arrependimento às pessoas que rejeitam, ignoram ou não conhecem Jesus e seu Evangelho?

16

O toque da sétima trombeta: de volta ao trono de Deus

Apocalipse 11.15-19

O sétimo anjo tocou a trombeta, e houve no céu vozes fortes, dizendo:
"O reino do mundo se tornou de nosso Senhor e do seu Cristo, e ele reinará para todo o sempre." — **Apocalipse 11.15**

Atenção dobrada! O toque da sétima trombeta anuncia o início do fim com o julgamento dos que perpetuam a corrupção e o galardão dos que permanecem fiéis a Deus e ao Cordeiro. Esse importantíssimo assunto, por meio de sete visões, ocupa a atenção do leitor e da leitora até o final do capítulo 15. E mais, até o final do capítulo 14 novamente é por meio da temática da Guerra Santa. Como o sétimo selo em Apocalipse 8 nos remeteu ao trono de Deus e do Cordeiro em Apocalipse 4 e 5 a fim de anunciar o toque das sete trombetas de Apocalipse 8 a 11, agora o toque da sétima trombeta em Apocalipse 11 também nos remete ao trono de Deus e do Cordeiro em Apocalipse 4 e 5 para apresentar sete visões de Apocalipse 12 a 14. A ênfase está clara: o trono. Captou bem?

E daí? Este retorno ao trono nos lembra que todos estes cenários procedem do trono de Deus/Cordeiro, mostrando a sua soberania sobre o percurso da história de todo o povo de Deus. Enfim, toda a história do Universo procede do trono soberano de Deus. É Deus quem nos conduz e conduz a história. Essa é a maior segurança para o povo de Deus em todos os tempos. Mesmo no meio de perseguição e até a morte, Deus sustentará os seus fiéis até o fim. Vejamos este final de capítulo 11 com mais detalhes nas suas três partes.

O toque da sétima trombeta: a chegada definitiva do Reino de Deus (v. 15)

As vozes do céu anunciam que o Reino messiânico já começou, algo que o próprio Messias Jesus anunciou por meio do seu ministério: *se, porém, eu expulso demônios pelo Espírito de Deus, certamente é chegado o Reino de Deus sobre* [para] *vocês* (Mt 12.28; 10.7; veja Lc 11.20). Coincide também com a perspectiva de Paulo de que Cristo atualmente já está sujeitando todas as coisas debaixo dos seus pés, isto é, sob o seu reinado (Ef 1.22-23; Cl 1.13-18; 1Co 15.23-28). Cristo já reina!

O trono de Deus (vv. 16-18)

Logo em seguida João (e com ele, os leitores e as leitoras) está diante do trono de Deus e dos 24 anciãos representando o povo de Deus no Antigo (12 patriarcas) e Novo Testamento (12 apóstolos). Estão prostrados adorando a Deus *com gratidão*. Este retorno ao trono em Apocalipse 4 ecoa a linguagem da introdução desta revelação em Apocalipse 1.8 e marca o cenário para o livro todo. *Gratidão* por causa do poder de Deus e porque nosso soberano Deus já começou a reinar e, por sua vez, deixa as nações corruptas furiosas, afinal a corrupção nunca se deu bem com a justiça. E ainda reage. A luta não terminou. Oramos *"venha o teu Reino"* (Mt 6.10), que é um Reino de justiça e paz em toda a criação. E Deus vai responder!

De fato, o juízo de Deus aqui já é anunciado para ser elaborado nos próximos capítulos. Mas não só juízo como também a salvação ("galardão") para os *servos* (e servas) de Deus. O Reino vem como juízo e salvação. Lembre-se que a revelação, este livro todo, é destinado aos "servos" (Ap 1.1): mulheres e homens fiéis, líderes (*profetas*) e a igreja toda, *tanto pequenos como grandes*, ecoando Sl 115.13. Ou seja, a mensagem é para a igreja, que é uma igreja inclusiva, global em toda a história, não apenas para um período passado ou futuro.

Gratidão, gratidão, gratidão!!! Mas o agradecimento termina com uma nota sóbria: *e para destruíres os que destroem a terra* (Ap 11.18). O que é isso? Quer saber? Um assunto antigo e bem atual, que obviamente é caro ao nosso Criador. Uma referência passageira aos que deixam de fazer reciclagem e preservação ou de outra sorte negam o cuidado da criação. É isso mesmo e mais do que isso. Certamente merece uma pausa para nossa reflexão e consequente ação. Vamos lá.

A corrupção, até mesmo a perversidade como as Escrituras a entendem, nasce, sim, dentro do coração humano como essencialmente rebelião a Deus e rejeição do mandato criacional de Gênesis 1.26, afinal o ser humano desobedeceu *a duas* ordens. Primeiro, desobedeceu à proibição de comer da fruta da árvore do conhecimento do bem e do mal. E segundo, desobedeceu à ordem de sujeitar toda a criação, inclusive as serpentes! Assim a desobediência que desembocou em arrogância, corrupção e perversidade, logo transbordou para o nível social em forma de injustiça e opressão. Isso, por vez, também "transbordou" em forma de injustiça e corrupção em relação à criação toda. Logo o fim do pecado se manifesta ultimamente na destruição da própria "terra", este nosso lar terreno e templo de Deus.[67] Por isso o juízo de Deus alcançará ultimamente *os que destroem a terra*. Pesado, não?! É bíblico!

O céu aberto (v. 19)

Finalmente, a própria terra reponde com uma bela demonstração do poder e governança de Deus — que foi cantada no hino de agradecimento — através de uma explosão e show de fogos: *relâmpagos, vozes, trovões, terremoto e forte chuva de granizo*. Na minha (Timóteo) adolescência passei por um grande furacão no litoral de Carolina do Sul. Quando adulto, passei duas vezes por terremotos na Califórnia e durante o seminário passei por dois metros de neve no chão e granizo forte lá na floresta enquanto esquiava. Por incrível que pareça, fui atingido por um raio que me derrubou no chão enquanto trabalhava como salva-vidas na praia. Cada uma dessas experiências dava um frio tremendo na barriga! Parecia que o mundo estava acabando e certamente esta é a sensação da reação da criação diante do trono de Deus. É como se a criação fosse a caneta de Deus que ele usa para "assinar embaixo" das suas afirmações. Novamente, tudo isso acontecia no contexto do templo celestial de Deus e da sua própria presença (ou a arca da aliança). Atos de Deus que falam as palavras de Deus. A criação que participa na liturgia celestial. Que ouçamos!

---

67 Na perspectiva bíblica, a terra não existe nem para benefício próprio e nem para benefício de Deus, mas como o "templo" no qual as pessoas devem viver sob o governo e a graça soberana de Deus. A própria linguagem de "guardar e cultivar" o jardim de Gênesis 2.15 é literalmente a linguagem do cuidado que os sacerdotes têm para com o templo.

Conclusão

O cenário do trono de Deus finaliza a primeira parte da revelação de Jesus anunciada em Apocalipse 1.1. Os capítulos 1 a 11 contêm três ciclos principais de sete: sete igrejas, sete selos e sete trombetas. Os capítulos 12 a 22 também possuem três ciclos de sete: sete visões (12.1 - 15.4), sete taças e um apêndice sobre a Jerusalém corrupta (15.5 - 19.10), e sete nomes do Cordeiro e um apêndice sobre a nova Jerusalém (19.11 - 22.5). É só quando chegar lá que João descreverá claramente os detalhes do fim. Como os primeiros três ciclos de sete em Apocalipse 1 a 11 são interligados também o mesmo ocorre com os três ciclos de Apocalipse 12 a 22.

Resumindo

No livro todo o principal tema é que Jesus é o Messias e veio para reinar, e isso com justiça, que significa juízo sobre a injustiça e salvação sobre os justos. Não é tão difícil entender. Mantenha seu foco nisso e não deixe as imagens horrorosas desviarem sua atenção.

Um aviso. Mas não é para se assustar. Até aqui, tudo que vemos e lemos em Apocalipse 1 a 11 era meramente preparatório, montando o palco e dando os motivos tanto para o juízo de Deus sobre o império (Roma) e sobre Israel — que se deixou seduzir pelo império e adotou os seus valores —, quanto para a maravilhosa salvação por Deus do seu próprio povo. Tudo isso será descrito e elaborado com mais detalhes nas próximas sete visões que se seguem. Adiante!

Para reflexão

É hora de fazer uma pausa de gratidão. Ative e use sua imaginação profética e coloque-se juntamente com o coro celestial e toda a criação diante do trono de nosso Deus Soberano. Pense no glorioso e majestoso trono de Deus. Leia Apocalipse 11.15-16 para começar seu hino de gratidão e louvor. O compositor Händel colocou o v. 15 em um coro de sua grande obra *O Messias.* Se puder, ouça-o. Em meio às dificuldades na sua vida e às maldades no mundo, faça sua oração de gratidão a Deus. Prostre-se diante do Senhor do Universo com gratidão e adoração.

É hora de firmar um compromisso à ação: De que maneiras práticas você vai participar da missão de Deus preservando sua bela criação? Pode começar com a reciclagem do lixo, reduzindo o uso de combustíveis fósseis e plásticos, conservando energia, comendo menos carne bovina e por aí vai. Isso requer conscientização e ação.

17

Guerra Santa contra o mal no Céu e na Terra: a queda e a vingança do dragão

Apocalipse 12 — 13

Eles o venceram por causa do sangue do Cordeiro e por causa da palavra do testemunho que deram e, mesmo diante da morte, não amaram a própria vida. — **Apocalipse 12.11**

Um desafio para você: leia cuidadosamente Apocalipse 12 e 13. Há três visões diferentes que tratam da guerra santa que o povo de Deus, desde o início, está travando. Explicaremos a "realidade" espiritual por trás disso do ponto de vista celestial. É importante lembrar que tudo isso é uma *revelação* de Jesus para João e para as "sete" igrejas, representantes de todas as igrejas de todos os tempos. É uma *revelação* de Jesus e não o mero imaginário de João. Há alusões a passagens em Gênesis, Ezequiel e Isaías[68], mas nem sempre com os mesmos significados. Jesus está contando o final de uma longa

68 Nossos próximos livros da Série Mergulho Missional serão "Gênesis e Êxodo" e "Isaías". Aguardem.

história que começa em Gênesis, perpassa a libertação do povo de Deus do Egito e da Babilônia. Agora encontra seu palco no contexto de opressão pelo Império Romano e, pior, no palco do constante e antigo perigo do povo de Deus de sucumbir a estes poderes e impérios externos nos quais estavam inseridos. Pronto! Este cenário é descrito por meio de três visões. Vamos analisá-las uma por uma. Mas primeiro, leia com muita atenção esses dois capítulos.

A primeira visão: a mulher versus o dragão (Ap 12)

Um dos temas principais do livro de Apocalipse, anunciado logo no início, é sobre Jesus como o Messias, *o Soberano dos reis da terra* (Ap 1.5). Esta não é uma promessa para o futuro, mas uma realidade para a vida da igreja já (Ap 2.26-27), como previsto no Salmo 2.9.[69] Entretanto, esta afirmação parecia, e ainda parece, paradoxal no dia a dia da vida da igreja e dos discípulos de Jesus que ainda passam por sofrimentos, provas e tribulações. Esse paradoxo é explicado com as visões que João recebe em Apocalipse 12 e 13, que começam por recontar o nascimento do menino que facilmente identificamos como Jesus, o cumprimento das promessas de Deus na condenação da serpente em Gênesis 3.14-15. Entendeu? Lemos, portanto, Apocalipse 12 à luz das narrações do nascimento de Jesus em Mateus e Lucas e à luz do surgimento e julgamento previsto do pecado e do seu perpetuador em Gênesis 3.[70] A revelação de Jesus

---

69 O exercício deste reinado com *cetro de ferro* será melhor elaborado mais adiante na grande batalha entre as forças de Cristo e aquelas da besta (Ap 19.11-21).

70 É importante notar também a existência de vários mitos de combate na Antiguidade, que podem ter servido de base para as imagens encontradas em Apocalipse 12, uma espécie de contextualização para comunicar melhor este relato que traz as histórias de Gênesis 3 e do nascimento e vida de Jesus mais à vista. Alguns exemplos incluem o relato babilônico sobre a guerra entre Tiamate, o monstro do mar de sete cabeças, e os deuses do céu. Os egípcios também contaram o conflito entre Ísis, esposa de Osíris, que deu à luz Hórus, o deus do sol, que por sua vez é atacado pelo dragão Tifone. E ainda os gregos relatam o nascimento de Apolo da deusa Leto que era perseguida pelo grande dragão Píton, a fim de matar a criança. Vários imperadores romanos desta época aproveitaram essas histórias para se referir a si mesmos como o esperado filho salvador, e por isso mesmo essas histórias provavelmente eram conhecidas até certo ponto pela audiência original desta revelação de Jesus para João.

em Apocalipse 12 é a resolução de uma longa história que começou no início das Escrituras e atinge seu auge no nascimento — e por meio da morte, ressurreição e ascensão — de Jesus. Agora, alguns detalhes da primeira visão.

A visão é da luta entre uma mulher grávida e um dragão à espera do parto para devorar o filho quando nascer. A identidade do "dragão"[71] é fácil, pois o próprio texto diz com todas as letras. Ele é *a antiga serpente, que se chama diabo e Satanás, o sedutor de todo o mundo* (Ap 12.9). Isso ajuda a identificar a "mulher". Ela representa o embate de Eva, cujo nome significa "vida" *por ser a mãe de todos os seres humanos* (Gn 3.20). Ela também é Maria, a mãe de Jesus. Mas a visão vai além, pois ela é todo o povo de Deus. Como sabemos isso? Primeiro, esta mulher usa uma coroa de 12 estrelas, uma alusão aos 12 patriarcas (Gn 37.9). Assim ela é "Israel", a descendência de Abraão e Sara. Mas não mais a Israel apenas étnica. Agora a sua descendência são *os que guardam os mandamentos de Deus e têm o testemunho de Jesus* (Ap 12.17). Ou, como disse o apóstolo Paulo, o "Israel *de Deus*" (Gl 6.16), a igreja composta de judeus e gentios que são discípulos e discípulas do Messias Jesus.[72]

Mais detalhes:

1. O dragão está no céu de onde causa uma "rebelião" arrastando um terço dos "anjos" (chamados *estrelas* lembrando Dn 8.10) para a terra.
2. A mulher deu à luz um filho (Jesus) que, antes de ser devorado pelo dragão, é resgatado e levado junto a Deus no céu (a ascensão).

71 Com dez chifres, lembrando os dez sucessores tiranos do império grego em Daniel 7.7.

72 Uma alusão a Isaías 26.16-27; 54.1; 66.6-9 que falam de Sião como uma mãe. E Paulo se referia a *Jerusalém lá de cima* como a *nossa mãe* (Gl 4.26).

3. Agora, lembrando a história do êxodo e fuga para o deserto, a mulher (o povo de Deus) foge para o deserto onde Deus cuida dela (Ap 12.6,13-14)[73].
4. No céu estourou uma guerra entre o dragão e seus anjos e o arcanjo Miguel[74] e seus anjos.
5. Resultado: a expulsão do diabo e seus colaboradores do céu para a terra.[75]
6. Consequência: mesmo diante da fúria do diabo contra o povo de Deus por causa da sua expulsão do céu (12.12), surge um forte hino de louvor e alegria (!) no céu acerca da salvação por Deus e da perseverança e testemunho dos fiéis na terra (Ap 12.11).

O restante de Apocalipse 12 conta a luta do dragão, agora na terra, contra o restante da descendência da mulher — os crentes não martirizados em toda a história que perseveraram na sua fé. E termina com o diabo em pé na praia com vistas para o mar, o que nos prepara para as próximas duas visões em Apocalipse 13.

73 Veja Êxodo 19.4 para "asas de águias" e a reformulação dos eventos do êxodo e de Sinai em Êxodo 2.15; 1 Reis 17.2-7; 19.3-8; Isaías 40.3; Oseias 2.14; 1 Macabeus 2.27-30.

74 Principal de sete arcanjos (os outros são: Gabriel, Rafael, Uriel, Raguel, Zerachiel [ou Saraqael] e Ramiel), cujo nome significa: "Quem é como *Deus*?", uma repreensão a Satanás que questionava a soberania de Deus. No livro pseudoepígrafo, *O Testamento de Daniel* 6.2, Miguel é o mediador entre Deus e a humanidade e o anjo da nação de Israel que luta contra os líderes angélicos das nações gentílicas (veja Dn 10.13,21; 12.1). Em 1 Enoque 54.6 ele é um dos quatro anjos que lançam os anjos caídos no forno fogoso no Dia do Juízo (veja também as referências de Qumran: 1QS 3.20 – 4.1, 1QM 13.10-12; 17.6-8).

75 Veja as palavras de Jesus em Lucas 10.18-19: *Eu via Satanás caindo do céu como um relâmpago. Eis que eu dei a vocês autoridade para pisarem cobras e escorpiões e sobre todo o poder do inimigo, e nada, absolutamente, lhes causará dano.*

A segunda e a terceira visão: as bestas do mar e da terra (Ap 13)

Duas bestas, descritas de modo bizarro, aparecem, uma do mar (Ap 13.1-10) e a outra da terra (Ap 13.11-18).[76] O dragão, a antiga serpente, deu o seu poder e autoridade para a besta do mar para seduzir o povo a *adorar* (a palavra-chave, Ap 13.4) o dragão e a besta, isto é, o diabo. Uma comparação com Daniel 7 sugere fortemente que as sete cabeças desta besta representavam os imperadores romanos com os seus "nomes de blasfêmia". Blasfêmia porque estes imperadores assumiram para si os títulos de "senhor e deus" (Augustus, Domiciano, e talvez Nero), ou simplesmente "deus" (Júlio César, Augustus, Tibério, Calígula, Cláudio, Nero, Vespasiano e Domiciano). Apocalipse 13.3,12,14 podem ser uma alusão ao assassinato do primeiro imperador, Júlio César, que levou a uma longa e sanguinária guerra civil, mas não à queda do império.[77] Se as cabeças da besta são os imperadores romanos, então a besta representa o próprio Império Romano, uma interpretação bem comum e acertada dentro do contexto histórico deste livro.[78] O império era temido e muito poderoso (Ap 13.4-10). E *adorado* (Ap 13.8) por toda a terra, certamente uma referência ao culto e os templos ao imperador que estavam se espalhando cada vez mais pelo império, especialmente na região das sete igrejas endereçadas no início deste livro.

---

76 Segundo a tradição judaica a besta do mar era Leviatã e a da terra, Behemot (2 Esdras 6.49-52; 1 Enoque 60.7-9; 2 Baruque 29.3-4).

77 Outros comentaristas entendem como referência ao suicídio de Nero e da lenda posterior que ele não havia morrido e voltaria para restabelecer o seu império.

78 João entende o quarto império de Daniel 7 como o Império Romano, como outros judeus (veja 2 Esdras 12.10; Talmude Babilônico Shebu'oth 6b).

Apocalipse	Daniel
13.1	7.2-3,7
13.2	7.3-6
13.4	7.6,12
13.5a	7.8,25
13.5b	7.25 (12.7,11-12)
13.6	7.25 (8.10-11; 11.36)
13.7a	7.21
13.7b	7.14

Uma *adoração* a Roma era uma adoração ao diabo. "Adoração" porque as pessoas colocavam a sua confiança (leia-se "fé") nas promessas de paz e segurança e no sistema militar e econômico do império, coisa do diabo, de acordo com esta revelação de Jesus para João e outros servos e servas daquela e de todas as épocas. Um poder tão grande e persuasivo que consegue vencer santos. Por isso, novamente, a exortação que é a grande lição desta visão sobre as bestas e de todo este livro continue sendo: *Aqui está a perseverança e a fidelidade dos santos* (Ap 13.10).

Tem mais besta! Da terra. Sua descrição não é tão exótica, mais fácil de imaginar: *parecendo cordeiro, mas falava como dragão* (= diabo) (Ap 13.11). Ou seja, uma imitação de Cristo, o Cordeiro de Deus. Seria literalmente um *anti*cristo (Ap 16.13; 19.20; veja Mt 7.15; 24.24).

Antes de prosseguir, é importante observar que Jesus já falava mais clara e menos simbolicamente disso nos Evangelhos ao afirmar que muitos anticristos e falsos profetas surgirão durante todo o período que precede o fim (Mt 24.5, 11; Mc 13.6; 1Jo 2.18,22). Afirmava também que os cristãos serão entregues *aos tribunais e às sinagogas* (Mc 13.9) corrompidas pelos valores do império contrários ao Reino de Deus.

O papel desta besta enganadora do mal e de todas as demais durante a história que seguem na sua linha é um pouco diferente. É fazer os habitantes da terra adorarem a primeira besta, o império, que por sua vez espelha a adoração ao diabo. Quem é esta besta do mar? Frequentemente a resposta dada é que se refere ao culto ao imperador nos templos do imperador. Mas diante da citação de Jesus acima, sua indignação com o sacrilégio cometido no Templo de Jerusalém (Mt 21.12-13, veja 12.1-8 e paralelos) e a descrição da repercussão desta besta em Apocalipse 13.14-17, esta besta representa o sistema do Templo em Jerusalém que havia se "vendido" ao império e aos seus valores, inclusive ao seu sistema econômico representado pelas moedas com imagens do imperador como deus.[79]

79 Entendido assim, a resposta de Jesus para o desafio dos fariseus *juntamente com os herodianos* de pagar o imposto para César em Mateus 22.15-22: — *Deem, pois, a César o que é de César e a Deus o que é de Deus,* acaba sendo uma severa crítica ao império, mesmo em forma de prescrição. Porém, o foco aqui é na adoração do egoísta e destruidor império do Templo em Jerusalém, que não isenta a adoração do Império Romano. E de todos os impérios, imperialismo e colonialismo na história do mundo antigo e atual, incluindo os impérios de ideologias, sistemas econômicos, casas de apostas, influenciadores e (des)informações digitais hoje.

> A universalidade da atuação do mal é colocada aqui em termos socioeconômicos, em vez de geográficos; veja 6.15 e nota. A missão de Deus claramente inclui justiça social. Deus trata todas as classes sociais e econômicas igual e deseja liberdade e dignidade para todas as pessoas.[80]

A passagem termina falando sobre a identificação da besta, dizendo que ela é um "ser humano" cujo número é 666 (Ap 13.18), o valor numérico de "Nero César" em aramaico.[81] Essa observação é fundamental para a datação deste livro durante o reinado de Nero (54-68 d.C.) e para entender o contexto social da primeira perseguição dos cristãos entre 54-60 d.C. durante o seu reinado.

Conclusão – E o menino que nasceu?

> É tarefa de São João designada pelo Espírito complementar a obra de São Mateus e São Lucas, para que a natividade não seja sentimentalizada em algo aconchegante, nem domesticada em monotonia, nem comercializada em mundanismo... Os esplendores da criação e a agonia da redenção combinam-se neste acontecimento, neste centro onde Deus em Cristo invade a existência com vida redentora e derrota decisivamente o maligno. É a genialidade de São João tomar Jesus numa manjedoura assistida por pastores e magos e colocá-lo num cosmos atacado por um dragão.... A nossa resposta à Natividade não pode ser reduzida a fechar a porta contra um mundo invernal, a beber chocolate quente e a cantar

80 Nota sobre Apocalipse 13.16 da Bíblia Missionária de Estudo.

81 As letras do alfabeto, tanto grego quanto hebraico e aramaico eram usadas também como números.

> canções de Natal. Em vez disso, estamos prontos para sair pela porta com... altos louvores a Deus em nossas gargantas e espadas de dois gumes em nossas mãos.[82]

Fica claro na visão que João teve do nascimento do Messias que Jesus não veio apenas para curar os doentes e salvar as pessoas. Veio mesmo para confrontar e erradicar o mal que seduziu, atribulou e enfeitiçou a humanidade. Veio para estabelecer outro *governo*: o Reino de Deus. As visões de Apocalipse 12 e 13 corroboram o Sermão do Monte, o discurso entre Jesus e Pilatos e outros textos.

Novamente, citamos Peterson:

> [Jesus] pretendia claramente que todos soubessem que o governo de Deus era abrangente, estabelecido tanto sobre o corpo como sobre a alma, sobre a sociedade e também sobre o indivíduo, em nosso comportamento externo, bem como em nossa disposição interna, sobre cidades e nações, bem como em casas e igrejas. Ele repudiou com a mesma clareza os meios habituais pelos quais esse governo era exercido: rejeitou a oferta do diabo de um cargo no governo, repreendeu os irmãos Boanerges por quererem invocar fogo do céu para incinerar seus inimigos, ordenou a Pedro que empunhasse sua espada, garantiu a Pilatos que o trabalho do governador não corria perigo e, finalmente, para ter certeza de que ninguém perderia o foco, providenciou para que sua coroação ocorresse em uma cruz.[83]

82 PETERSON, Eugene H. *Reversed Thunder: The Revelation of John & the Praying Imagination.* (São Francisco/CA: HarperOne, 1998): 121-22.

83 Ibid., p. 118.

Reflexão

- Como você entende a Guerra Santa entre as forças do mal e o Reino de Deus em nosso mundo hoje? E na sua vida?
- Quais são os impérios dentro e fora da igreja hoje que nos seduzem e captam nossa adoração? O que você vai fazer para livrar-se deles?

18

A quarta, a quinta e a sexta visão

Apocalipse 14

Olhei, e eis que o Cordeiro estava em pé sobre o monte Sião. Com ele estavam cento e quarenta e quatro mil, que tinham escrito na testa o nome do Cordeiro e o nome de seu Pai. [...] Eles seguem o Cordeiro por onde quer que ele vá. São os que foram comprados dentre todos os seres humanos, primícias para Deus e para o Cordeiro; e não se achou mentira na sua boca; não têm mácula. — **Apocalipse 14.1,4b-5**

Vamos olhar mais três das sete visões nos capítulos 12 a 15. É uma prévia da vitória final que está por vir nos últimos capítulos de Apocalipse. A quarta visão do Cordeiro e suas testemunhas nos enche de alegria e esperança (Ap 14.1-5). Na quinta visão encontramos três anjos (Ap 14.6-12) e uma "voz do céu" que é o próprio Espírito de Deus (Ap 14.13). Na sexta visão encontramos mais quatro anjos que descrevem a colheita final (Ap 14.14-20). Vejamos mais de perto cada visão.

A quarta visão: 144 mil[84] testemunhas do Cordeiro (vv. 1-5)

A quarta visão mostra a Igreja vencedora, relembrando os temas dos caps. 4 e 5. O cenário no monte Sião[85] (Ap 14.1) e no trono (Ap 14.3) nos remete à visão do trono do Cordeiro em Apocalipse 5 no contexto da vida das sete igrejas de Apocalipse 2 e 3. Apocalipse 15 recapitula e amplia as visões dos tronos de Deus e do Cordeiro de Apocalipse 4 e 5, tema central em todo o livro.[86] Isso significa para eles, como ainda significa para nós hoje, que apesar da corrupção, injustiça e maldade deste mundo, Deus/Jesus é soberano e por isso, mesmo em meio de perseguição e tentação, a igreja em todos os tempos precisa seguir Deus e não as bestas operantes neste mundo. A postura da igreja?

Primeiro, louvor e adoração a Deus (veja Ap 11.18; 15.2-4) junto com toda a criação que declara a sua glória na mais alta voz (Ap 14.2, veja Sl 19). Louvam e cantam um cântico novo que só o povo de Deus conhece porque somente este povo pode cantá-lo.

Segundo, prontidão para engajar na guerra que ainda persiste. A abstinência no v. 4 se refere ao conceito antigo de conservar todas as energias para a Guerra Santa.

Finalmente, o povo de Deus segue *o Cordeiro por onde quer que ele vá* (Ap 14.4). Ser povo de Deus é sermos seguidores e seguidoras do Cordeiro, que dá a sua vida em prol dos outros. É ser gente íntegra, que dá bom testemunho e com quem se pode contar (Ap 14.5).

84 Cento e quarenta e quarto mil? Lembra-se dos 24 anciãos? Doze patriarcas e doze após- tolos. Aqui o seu número é multiplicado: doze vezes doze vezes mil, sendo mil simbólico de uma quantidade muito grande. Entendeu?

85 A referência ao monte Sião, uma referência terrena, sugere um contraste nítido com o templo corrupto tão criticado por Jesus e João Batista.

86 Apocalipse 6.16; 7.9-17; 8.3; 11.16; 12.5; 13.2; 14.3; 16.17; 19.4; 20.11-12; 21.3-5; 22.1-3.

Foi isso que João *viu* (note-se o tempo passado dos verbos): a postura e a prontidão do povo de Deus; testemunhas do Cordeiro. Mas viu mais.

A quinta visão: Três anjos e o Espírito (vv. 6-12)

Viu também três anjos. A palavra "anjo" em grego também se traduz como "mensageiro" e, de fato, cada um dos três tem uma mensagem de proclamação de boas-novas para entregar (Ap 14.6).[87] A mensagem do primeiro anjo era dirigida a todo o mundo — *cada nação, tribo, língua e povo*. E o conteúdo da mensagem? Reverencie, adore — entende-se "somente e acima de tudo e todos" — Deus, *o Criador* e dê glória [somente] a ele.[88] Somos lembrados pela "milésima vez" ao longo das Escrituras e repetidas vezes em Apocalipse que salvação (neste caso em forma de julgamento, v. 7)[89] e criação andam juntas. Quem julga e salva é nada menos que o Criador de todas as *coisas* não apenas no sentido de que ele "tudo pode", mas também no sentido de que a criação pelo Criador participa e participará de julgamento e salvação, pois junto com a queda do ser humano a própria criação foi atingida e sofre.

O segundo anjo, antecipando Apocalipse 18.2, anuncia a queda da "Babilônia", referência ao império opressor do povo de Deus (Is 21.9), que dentro do contexto das sete igrejas representa o Império Romano e para a igreja em todos os tempos, qualquer domínio político que seduz (como prostituição e vinho) não só o povo de Deus, mas todas as nações pelos

87 Literalmente "um evangelho eterno para evangelizar" (*euangelion aiōnion euangelisai*).

88 Temer a Deus e dar glória a ele nos lembra do conteúdo do Evangelho de Jesus em Marcos 1.14-15: *arrependam-se* [temer a Deus] *e creiam* [confiar/depender de/glorificar Deus] *no evangelho*.

89 O julgamento de Deus faz parte do seu domínio real sobre o mundo, como sua oferta persistente de perdão.

seus valores de injustiça e opressão, e de outra sorte, usurpação do papel de Deus.

O terceiro anjo vai no embalo do segundo, advertindo os "adoradores da besta e a sua imagem"[90], outra maneira incisiva de se referir à sedução da "Babilônia"/Império Romano. Estes sofrerão o julgamento e consequente castigo de Deus. Aqui o foco não está mais em todas as nações em geral, mas, e surpreendentemente para nós, em Jerusalém, representada por sua liderança corrupta. Basta comparar a mensagem deste anjo com a sua alusão a Isaías 34.10 e 51.17 que se referem a Jerusalém e Edom[91]. Esta liderança havia "vendido a sua alma" ao império, havia adotado o padrão de violência e ganância tão criticado por Jesus e João Batista ao denunciar esta liderança.[92] A pena elaborada nestes versículos para estes e quaisquer outros que cultuem instituições humanas de poder é chocante. O tormento com fogo e enxofre nos remete ao castigo de Deus sobre as cidades de Sodoma e Gomorra (Gn 19.24) que, por sinal, eram também seduzidas e sedutoras, a mesma linguagem da mensagem do segundo anjo. As imagens usadas (cálice, vinho, beber, fogo e enxofre, fumaça) não podem ser entendidas literalmente. Entretanto, o tormento que elas transmitem é horrendo. A ira de Deus resulta e resultará em tormento real e incansável.* A mente contemporânea quer muito diminuir o impacto destas palavras, mas a mensagem foi entregue justamente para manter o impacto intacto. Entretanto a última palavra é de encorajamento para os fiéis: *Aqui está a perseverança dos santos, os que guardam os mandamentos de Deus e a fé em Jesus* (Ap 14.12; veja 12.17).

---

90 A imagem do imperador impressa nas moedas junto com afirmações de divindade. Ver o capítulo anterior e a nota 72.

91 Veja também Jeremias 25.15-38; 51.7; Salmos 75.8.

92 Mateus 23 – 27; Marcos 6.14-29. Veja também notas 15 e 79.

* O castigo de Deus é real e consequência da justiça de Deus e da recusa do arrependimento humano. Isso não significa que Deus o deseja não querendo que ninguém pereça, mas que todos cheguem ao arrependimento (1Pe 3.9). E certamente os fiéis não devem se gloriar ou "torcer" pela condenação e tormento dos outros. Nisto, a perspectiva bíblica, inclusive o livro de Apocalipse, difere muito de alguns livros apocalípticos não bíblicos, que demonstram marcadamente uma atitude amarga vindicativa. Em Apocalipse 11.3-10, o "tormento" infligido pelas testemunhas proféticas de Deus decorre da sua pregação de arrependimento rejeitada. A mensagem missional são boas novas de salvação, sim, é uma promessa que se inicia com o arrependimento (Mc 1.15).

Agora, o Espírito endossa a mensagem dos três anjos (Ap 14.13). Aqui encontramos a segunda de sete bem-aventuranças[93] encontradas em Apocalipse, e esta é provavelmente a mais citada: *Bem-aventurados os mortos que, desde agora, morrem no Senhor*. É o próprio Espírito de Deus que promete que o "trabalho" de perseverança será concluído com um "descanso" no Senhor. E a razão disso? Prestem atenção, filhos e filhas da Reforma Protestante: é porque *as suas obras os acompanham* na própria morte. Isso não é diferente do que Paulo já falou: *cada um receberá a sua recompensa de acordo com o seu próprio trabalho* (1Co 3.8-15).

93 As outras seis são: Apocalipse 1.3; 16.15; 19.9; 20.6; 22.7,14.

A sexta visão: mais quatro anjos colhem (vv. 14-20)

Na sexta visão, lemos sobre mais quatro anjos em dois pares. A descrição que se segue é da colheita no fim dos tempos, uma colheita de grãos por um par de anjos (para salvação) e outra de uvas pelo outro par (para a ira de Deus). O primeiro par de anjos começa com a figura de *um semelhante a filho de homem* coroado e com uma foice afiada na mão. Diante da visão inicial (Ap 1.13; veja Dn 7.13) esta figura claramente é Jesus Cristo, o Filho do Homem, descrito com um papel "angélico" lembrando que "anjo" e "mensageiro" são a mesma palavra grega que João está usando. Isso porque Jesus é o emissário especial de Deus para a salvação e julgamento da humanidade (Mc 14.62; 2Ts 2). O outro anjo convoca altamente pela colheita que "ocorre", pelo menos na visão, pois a vinda de Cristo (*parousia* em grego) ainda não ocorreu de fato, pelo menos não completamente. A visão da colheita está em andamento, mas o seu cumprimento ainda está por vir. Esta primeira colheita (vv. 14-16) antecipa a colheita final do povo de Deus mais adiante em capítulos 21—22.

A segunda colheita (Ap 14.17-20) antecipa o julgamento final dos não arrependidos nos capítulos 17 a 20. Aqui, outro par de anjos sai, um do santuário celestial e outro do altar que tem autoridade sobre o fogo, lembrando o toque da primeira trombeta (Ap 8.3-5). E houve outra colheita, desta vez de uvas que são lançadas *no grande lagar da ira de Deus* para serem pisadas *fora da cidade* (Ap 14.19-20).[94] O sangue que corre destas uvas é grande, *a altura dos freios dos cavalos*, cerca de um metro e meio por cerca de literalmente 1.600 estádios, ou um total de *trezentos quilômetros* (Ap 14.20). O número simbólico (quatro ao quadrado vezes cem) é grande, mas restringida pela multiplicação por cem

94 Uma referência ao vale de Josafá, ao lado de Jerusalém (Jl 3.9-14; veja Is 63.1-6).

e não mil ou dezenas de mil, como ocorre outras vezes no livro de Apocalipse. A visão não se exulta nesta destruição, mesmo merecida. Mistérios de Deus.

Para refletir

Vamos simplificar ao básico. As decisões e ações das pessoas, igrejas e dos governos têm consequências sérias. O que plantamos é o que colhemos. Dizer "não" a Deus, não perseverar, desviar de seus caminhos e recusar seu convite ao arrependimento resulta em um justo julgamento. Qual é sua atitude diante das exigências e convites de Deus?

6º sete

Sete flagelos

Apocalipse 15.1 – 19.10

19

A sétima visão: sete anjos com sete flagelos

Apocalipse 15 — 16

E entoavam o cântico de Moisés, servo de Deus, e o cântico do Cordeiro, dizendo:
"Grandes e admiráveis são as tuas obras,
Senhor Deus, Todo-Poderoso!
Justos e verdadeiros são os teus caminhos,
ó Rei das nações!
Quem não temerá
e não glorificará o teu nome, ó Senhor?
Pois só tu és santo.
Por isso, todas as nações virão
e se prostrarão diante de ti,
porque os teus atos de justiça se fizeram manifestos." —
Apocalipse 15.3-4

Estes dois capítulos vão juntos pelo tamanho (apenas 29 versículos) e pelo assunto, finalizando uma série de sete visões e iniciando uma série de sete anjos com sete flagelos. Nem precisavam ser dois capítulos.[95] João viu no céu sete anjos com os sete últimos flagelos no capítulo 15, cujo contexto é claramente de um "segundo" êxodo. E no capítulo 16 os flagelos são derramados e explicados. Assim, esta longa revelação por Jesus em 22 capítulos avança e elabora cada vez mais o julgamento pelo Deus justo que já ocorre e que ainda está por vir. Vejamos.

O *sinal grande* que João viu (Ap 15.1) nos remete ao grande sinal da mulher grávida (Ap 12.1) e do sinal do dragão em Apocalipse 12.3. A ira de Deus (grego: *thyros* — Ap 15.1) que agora João viu contrabalança o sinal da ira do dragão (*thyros* — Ap 12.12). Ou seja, o cenário do cântico ao Messias, da mulher grávida e da expulsão do dragão do céu em Apocalipse 11 e 12[96] está sendo recontada e ampliada por outro ângulo em Apocalipse 15 e 16.

	Apocalipse	Tema
Redenção	11.15-19 15.2-8	O cântico ao Messias
Julgamento	Capítulo 12 15.1; capítulo 16	A mulher e o dragão Os 7 flagelos

O CÂNTICO CELESTIAL (15.2-4)

Novamente, é impressionante o papel da música para o culto no livro de Apocalipse, não acha? E veja só a letra. Cada uma mais linda que a outra! Não é à toa que a letra entra em muitas das nossas canções e hinos hoje. E comparem com o cântico

95 A divisão da Bíblia *em capítulos* foi feita no século 13l e *em versículos* somente no século 16. Os manuscritos originais eram textos correntes, sem divisão em capítulos e versículos.

96 Veja os capítulos 16 e 17 deste livro.

anterior em Apocalipse 11.15-19. Parecido, não? Um remete ao outro e nos lembra que estamos tratando sobre o mesmo assunto da vitória de Deus e da salvação dos fiéis entre todas as nações.[97] Esta promessa nos dá muita esperança em meio ao julgamento e condenação no livro de Apocalipse e a toda injustiça e todos os injustos hoje. Não só isso, mas também nos lembra da *nossa* incumbência de anunciar a oferta de perdão ainda disponível para os injustos. Que não permaneçam na sua injustiça.

O título do cântico: O cântico de Moisés, servo de Deus, e o cântico do Cordeiro nos convida a comparar os dois eventos, o êxodo e o advento de Jesus. Assim, a mensagem é clara: assim como Deus libertou o seu povo do Império do Egito e do seu imperador Faraó, Deus libertará o seu povo do atual Império Romano e do seu imperador Nero. Mas a promessa não se aplica só ao passado. Continua em vigor para todo o povo de Deus em todos os tempos[98]: Deus nos liberta de todo império e imperador que se colocam como alternativos ao único poder de Deus. *A audiência do cântico* são os fiéis que venceram a besta (do mar), a imagem (ídolo) da mesma besta, e aquilo que representa: o império e o imperador (veja Ap 13) lembrando como Deus libertou o seu povo do Egito/Faraó através do mar no êxodo.

Os sete flagelos (15.5 – 16.21)

Depois do cântico, aparece o *tabernáculo do testemunho* no céu (Ap 15.5-8; veja também Ap 11.19) lembrando o tabernáculo

97 O cântico em Apocalipse 15.2-4 combina imagens de muitas passagens bíblicas, como: Êx 34.10; Dt 32.4; Sl 88.6; 98.21; 111.2; 139.14; 145.17; Am 3.13; 3.3; Is 2.2; Jr 10.7; 11.20; 16.19.

98 Novamente, lembrando que a revelação é dada por Jesus para João no contexto das *sete* igrejas. Por "sete" a referência vai além das sete igrejas históricas do Oeste da Turquia a "todas" (o sentido de "sete") as igrejas de todos os tempos.

do deserto e a aliança com Moisés (Êx 40.34-38). Permanece inacessível (Ap 15.8) até o momento decisivo — Está feito! (de *gegonen* em Ap 16.17). Esta palavra marca o mesmo momento final do aparecimento da nova criação e a vinda da nova Jerusalém (— Tudo está feito!, de *gegonan* em Ap 21.6). Até este momento final aparece a ação dos sete anjos, cada um com o seu flagelo e as suas taças de ouro cheias da ira de Deus. Ou seja, antes do grande momento final de salvação de toda a criação, Deus há de tratar todo o mal, a sua fonte e os seus agentes. Este é o teor dos sete flagelos.

Detalhe: lembrem-se de que as taças de ouro que os quatro seres viventes dão aos sete anjos são as orações dos santos (Ap 5.8), ou seja, os flagelos da ira de Deus são a resposta às orações dos santos diante da perseguição e sofrimento que sofrem dos adversários de Deus. Não subestimemos a eficácia das nossas orações pelo arrependimento e salvação daqueles que ainda não adoram a Deus em espírito e em verdade. Deus sabe como responder.

Os primeiros quatro anjos derramam as suas taças da ira de Deus sobre a terra (Ap 16.2), o mar (Ap 16.3), os rios e fontes de água doce (Ap 16.4-7) e o sol (Ap 16.8-9). O quinto sobre o trono da besta (Ap 16.10-11), o sexto sobre o rio Eufrates (Ap 16.12-16) e o sétimo pelo ar (Ap 16.17). É... a ira vem através de grande catástrofe climática sobre toda a terra e a grande cidade perversa (Ap 16.18-21).

Estes flagelos lembram ainda mais o êxodo do que o toque dos sete trombetas. O **primeiro flagelo** (Ap 16.2), por exemplo, lembra as feridas de Êxodo 9.8-12, desta vez visando as pessoas que se caracterizam pela besta (o império) e pela sua imagem (o imperador). O alvo do **segundo flagelo** era o mundo de caos, representado pelo mar (Gn 1.2 *antes* ainda da criação!) e a sua amplitude é inimaginável: *todo ser* *vivo que havia no mar*, ou seja, todos os que participaram do mundo de *caos*, o mundo da injustiça. Estes não existirão mais (veja Ap 21.1,4)!

O **terceiro flagelo** exige uma explicação dentro da passagem, pois ele atinge todos os que perseguiram o povo de Deus (*santos*) e os seus mensageiros (*profetas*). A afirmação sóbria aos nossos ouvidos hoje é simplesmente: "É o que merecem". Como entender isso? Algo que agride os ouvidos pós-modernos que desejam a salvação de todos e de tudo. A chave está na referência à eterna justiça de Deus e na sua santidade (Ap 16.5). O termo em grego para Deus como "o Santo" é *hosios*, um termo usado exclusivamente para Deus (veja Ap 15.4, ***só*** *tu és santo*— ênfase acrescentada), diferente do outro termo, *hagios*, para "santo", que pode se referir aos fiéis, ao céu (Ap 20.9) e a Jerusalém (Ap 11.2; 21.2; 22.19) e ainda a Deus e a Cristo (Ap 3.7; 4.8; 6.10). Mas em Apocalipse 16.4 (e 15.4) Deus é "**o** santo", *hosios*, da palavra hebraica *khasid* que conota o cumprimento da fidelidade via pacto/aliança, isto é, a sua fidelidade amorosa, que vem da palavra hebraica *khesed*. Tudo isso para dizer que a própria natureza de um Deus santo exige, por definição, que mais cedo ou mais tarde, não coabite com perversidade e injustiça. Estas últimas precisam ser eliminadas, mesmo depois de muita oportunidade para o arrependimento. Por isso, *verdadeiros e justos são os teus juízos* (Ap 16.7).

O **quarto flagelo** é derramado sobre o sol (Ap 16.8-9) para *queimar a humanidade com fogo* pela razão que finalmente se revela: blasfêmia sem arrependimento, lembrando e ampliando o toque da sexta trombeta (Ap 9.20-21; veja 13.1-6). Isso também combina explicitamente com o quinto e o sétimo flagelo e implicitamente com o sexto (via a referência à besta). O **quinto flagelo** atinge o governo da besta (Ap 16.10-11) que seria o representante institucional e terreno de Satanás:

o Império Romano, uma nova Babilônia, um reino das trevas/injustiça sem arrependimento pois se coloca no lugar do próprio Deus.

O rio Eufrates era a barreira oriental mais desafiadora e beligerante do Império Romano. No **sexto flagelo** suas águas secam permitindo a invasão de adversários orientais (Ap 16.12-16). O cenário infernal nos lembra da invasão mencionada antes do toque da sexta trombeta (Ap 9.13-21) e da quebra do sexto selo (Ap 6.12-17), o Dia do Senhor.[99] O anúncio anterior de Jesus da sua vinda inesperada no v. 15 confirma a sua convocação para a batalha no v. 16.

O sétimo anjo derrama o **sétimo flagelo** (Ap 16.17) pelo ar (onde quer que os seres humanos respirem) e desta vez uma voz forte é ouvida e anuncia a conclusão dos flagelos: — *Está feito!* Esta é a primeira de apenas duas vezes que a construção gramatical, "está feito", se encontra em Apocalipse e sempre é uma declaração definitiva do trono... logo, aqui é provavelmente a própria voz de Deus, como é claramente em 21.6. Ambas as vezes anunciam o julgamento final, a ira final e definitiva de Deus contra o mal. Curiosamente o adjetivo "grande" (entendido aqui como "alto" ou "forte") aparece sete vezes (conotando "perfeição") neste sétimo flagelo em 16.17-21 para realçar a finalidade do evento onde o *grito* da voz divina é acompanhado do "grito" e força violenta de toda a criação de Deus. O seu furor despedaça o Império Romano (*Babilônia*), alcança os lugares mais distantes (*ilhas*) e nivela as montanhas! Finalmente alcança as pessoas na sua maldade que *ainda* deixam de se arrepender e blasfemam contra Deus.

99 Isso coincide com a tradução da NAA, que segue mais o texto original de Apocalipse 16.16 e antecipando Apocalipse 19.11-21: *Então ajuntaram os reis no lugar que em hebraico se chama Armagedom.* Ele [Cristo ou Deus] os [os reis] ajuntou...". A palavra "ajuntar" nos textos mais antigos está no singular sem definição dos "os".

E assim com estes setes flagelos finais, João (e nós) somos preparados para a descrição mais elaborada do cenário do julgamento nos capítulos 17 e 18.

Para refletir

Pense na incrivelmente longa paciência de Deus e no seu profundo desejo de que as pessoas se arrependam. Depois medite na sua absoluta santidade e justiça que resultam na manifestação de sua ira, julgamento e castigo a fim de eliminar todo o mal e criar um novo céu na terra. Quais são os sentimentos e atitudes que surgem dentro de você diante tudo isso?

20

Quem são a prostituta e a besta?

Apocalipse 17 – 18

Um dos sete anjos que tinham as sete taças veio e falou comigo, dizendo:
— Venha! Vou lhe mostrar o julgamento da grande prostituta que está sentada sobre muitas águas. Os reis da terra se prostituíram com ela, e os que habitam na terra se embriagaram com o vinho da sua prostituição.
Na sua testa estava escrito um nome, um mistério: "Babilônia, a Grande, a Mãe das Prostitutas e das Abominações da Terra". — **Apocalipse 17.1-2,5**

A grande prostituta e a besta! As duas personagens principais destes dois capítulos. A primeira é identificada como sendo a Babilônia, fácil para a primeira audiência interpretar. Mas não para nós hoje. Por quê? A Babilônia como império já não existia naquele tempo. Então, "quem era a Babilônia" para os primeiros leitores e leitoras? A maioria de comentaristas contemporâneos que seguem uma interpretação histórica falam que o Império Romano era caricaturizado para os judeus como sendo uma nova Babilônia, porque dominava o povo judeu politicamente e destruiu o centro do seu culto, o templo em Jerusalém, como a antiga Babilônia levou o povo ao cativeiro e destruiu o templo. Entretanto, essa caricatura surgiu somente *depois* da destruição do templo em 70 d.C. No Antigo Testamento, esta caricatura era do próprio *Israel infiel* e no ensino de Jesus (autor de Apocalipse!) e João Batista a caricatura era com a *liderança corrupta de Israel* que controlava o templo e assim associava a religião judaica com o império.

Então, a grande prostituta, que é identificada como a Babilônia, se refere a Roma ou a Jerusalém, cada um a sede e maior representante do seu povo? Parece que já decidimos, não? *É Jerusalém*! O dilema com esta interpretação é que contradiz a outra (a prostituta é o Império Romano) defendida, aliás, por comentaristas da linha de interpretação *histórica*, que nós, Timóteo e Sherron, consideramos notórios. Por isso, nós sentimos a obrigação não só de dar os detalhes da nossa interpretação de Apocalipse 17 e 18, como também explicar quais são os critérios de interpretação que estamos seguindo e promovendo. Vamos lá.

Interpretando Apocalipse

Como interpretamos um livro como Apocalipse? Diante de tantas interpretações diferentes, é fácil ficar confuso, querer desanimar ou até desistir. Queremos sugerir (de novo) algumas dicas fundamentais para a interpretação das Escrituras.

Primeiro, devemos tratar este livro da Bíblia como tratamos todos os outros: prestando atenção à situação histórica do livro e ao contexto literário. Sim, sabemos que isso não é fácil quando o texto envolve tantos símbolos, alguns indiscutíveis, como

Cordeiro de Deus ou *Leão de Judá*, referindo-se a Jesus. Por outro lado, há boas pistas explícitas para seguir com a afirmação de que este livro trata de *coisas que* **em breve** *devem acontecer* (Ap 1.1 — ênfase acrescentada).

Segundo, a expressão "em breve" nos obriga a seguir uma interpretação *histórica* como já fazemos (ou deveríamos fazer) para todos os livros da Bíblia. Isso não significa que não tem relevância ou aplicação para todos os tempos. Claro que tem. É a natureza de ser a Palavra *viva* de Deus. Mas devemos perguntar em *primeiro* lugar o que um dado texto teria significado para a sua *primeira* audiência. A Bíblia foi escrita ***para*** nós, sim, mas não ***a*** nós. Tanto que Apocalipse já começa nos capítulos 2 e 3 com sete cartas para sete igrejas históricas que, de fato, existiram. Ou seja, deveremos considerar a forte probabilidade de que Apocalipse 4 a 22 tem as sete igrejas de 2 e 3 em mente e procurar entender as partes mais simbólicas de acordo. Se os grandes problemas expostos nas cartas às sete igrejas são os perigos de desfalecimento da fé e a contaminação com os valores ruins do "mundo" não nos surpreendemos que a mensagem de Apocalipse 4 a 22 seja uma exortação à perseverança, à fidelidade a Deus e aos seus valores.[100]

Terceiro, por ser a Palavra de Deus e consequentemente ter *um só* autor por trás de todos os autores e autoras, precisamos perguntar o que Apocalipse (ou um texto dele) tem a ver com outros textos do Novo Testamento e escritos judaicos contemporâneos a Apocalipse. Tudo isso para reconstruir o pano de fundo histórico. Como? Pela inferência do próprio texto e pela reconstrução da "mentalidade" da audiência. Devemos fazer os dois, priorizando o primeiro. Mas o segundo também é importante

100 Mateus 24.3-22 e paralelos; também Mateus 12.32; 13.39 e 28.20. Veja o aviso para a Igreja de Filadélfia em Apocalipse 3.10: *Você guardou a palavra da minha perseverança. Por isso, também eu o guardarei da hora da provação que há de vir sobre o mundo inteiro, para pôr à prova os que habitam sobre a terra.*

no caso de Apocalipse, em que o contexto literário é difícil de acompanhar. E é justamente na reconstrução da "mentalidade" da audiência, do autor e do mensageiro (as sete igrejas, Jesus e João) que muitos bons comentários ficam aquém. Como ficam aquém? Por procurar o pano de fundo no contexto histórico não judaico das sete igrejas do Leste da Turquia mais do que no contexto judaico destas igrejas e mais ainda de Jesus e de João. Ou seja, tanto Jesus quanto João são *judeus* que, ao aludirem tanto ao Antigo Testamento, têm ideias provenientes do Antigo Testamento e do judaísmo palestino da sua própria época.

Os estudiosos que priorizam mais o contexto histórico *romano* identificam a prostituta/ Babilônia e a besta de Apocalipse 17 e 18 com o Império Romano e Roma. Os estudiosos que priorizam mais o contexto *judaico* antigo e contemporâneo de Jesus e de João identificam a grande prostituta/Babilônia com Jerusalém/Israel infiel e a besta com o Império Romano. Obviamente o contexto histórico é importante. Contudo, é preciso considerar com mais critério o contexto judaico de quem está fazendo esta revelação — Jesus — e quem está recebendo e transmitindo a revelação — João (Ap 1.1). Entre estas considerações destacam-se as seguintes:

A identificação da data

São duas propostas: 90–96 d.C. ou 60–70 d.C. O bispo cristão Irineu escreveu cerca de 180 d.C. que o livro foi escrito durante o reinado do imperador Domiciano de 81–96 d.C.[101] Nesse período, entre os judeus a Babilônia já era uma caricatura do Império Romano por causa da destruição do templo. A maioria dos comentaristas aceita este testemunho de Irineu e de outros cristãos antigos que o seguiram. Mas há vários problemas com

101 IRINEU, *Adversus haereses* 5.30.3.

essa conclusão. O principal é que o testemunho de Irineu não é confiável, pois errou feio em outros cálculos históricos importantíssimos.[102] Logo, não há motivo para segui-lo.

Pelo menos duas passagens de Apocalipse sugerem fortemente que o contexto histórico do livro era o reinado de Nero (Ap 13, veja no cap. 17 deste livro; e Ap 17.12, ver nossa exposição no próximo capítulo). Ele governou de 54 a 68 d.C. quando o templo em Jerusalém ainda estava em pé e a Babilônia era uma caricatura do Israel *infiel*.[103] Rebeliões surgiram durante o final do seu reinado, inclusive na Judeia em 66. A Revolta Judaica durou 7 anos, com a queima do templo em abril de 70 d.C. Apocalipse pode ter sido escrito no início da Revolta Judaica, a partir de 66 d.C. Dois anos mais tarde a própria Roma estava em guerra civil.[104] Os exércitos romanos estavam marchando contra Jerusalém e o momento literalmente apocalíptico/catastrófico! — a destruição do templo — estava porvir. Essa destruição era de tal escala[105] que seria inimaginável que não houvesse uma menção explícita do evento no livro de Apocalipse, *a não ser que ainda não aconteceu*. Logo, a data provavelmente era cerca de 68 d.C. logo depois da morte de Nero, quando a Babilônia era uma caricatura da infidelidade de Jerusalém, Israel via a corrupção dos seus líderes amplamente atestada nos Evangelhos e no Antigo Testamento.

102 Por exemplo, afirmou que Jesus morreu com 40-50 anos e que seu ministério durou 15 anos (*Adversus haereses* 2.22.5) em vez dos 30 e poucos anos de vida e 3 anos de ministério (Lc 3.1,23).

103 É importante repetir que a polêmica não era *étnica* contra o povo judeu. Afinal, os cristãos também eram predominantemente judeus nas primeiras décadas. A polêmica era *teológica* (ou espiritual), a respeito de fidelidade ou infidelidade com a aliança com Deus.

104 Não havia tantas crises mais tarde durante o reinado de Domiciano e assim seria difícil defender uma percepção de que o mundo ou o Império Romano estava em crise no seu tempo.

105 *Fisicamente* o templo era inconfundível: 500 por 325 metros (25 campos de futebol!) com muros de 30 metros de altura. Seus materiais eram dos mais finos. Mas *teologicamente* o seu papel era mais destacado ainda: a habitação de Deus na terra e local onde perdão via sacrifícios era possível. Com sua destruição um dos dois pilares do judaísmo (o outro sendo a Lei) foi também destruído transformando a prática de judaísmo até os dias de hoje.

A "prostituição" simbólica nas Escrituras

A Roma ou o Império Romano não são descritos como inimigos do povo de Deus nas Escrituras. Em Mateus 22 o denário mencionado provavelmente tinha a imagem de César de um lado — ou Tibério ou Augusto. Entretanto, Jesus não usou esta oportunidade para se opor ao império. Em Atos 21, Paulo é salvo pelos soldados romanos. E em Mateus 8 Jesus declara que um centurião romano teve mais fé que qualquer outro em Israel! Paulo também não se opõe especificamente ao império. Veja Romanos 13.1-7. Não é o império que é visto e descrito como o adversário. Então, quem era a "prostituta"?

Oposição a Jerusalém e ao templo era um tema comum em muitos escritos judaicos.[106] Os profetas do Antigo Testamento e outros como Jesus, João Batista e o João do Apocalipse entregam uma mensagem de Deus/Jesus sobre a vinda da ira de Deus sobre Israel, principalmente Jerusalém, porque não guardam a aliança que Deus fez com eles.[107]

Como entender isso? Na literatura profética, a prostituição se refere à infidelidade à aliança.[108] A ira de Deus vem contra tal infidelidade por meio da conquista por forças estrangeiras[109], como

106 Especialmente nos livros proféticos do Antigo Testamento: Is 1.2-3; 2.6–3.26; 9.2-21; 2.1-14; 28.1-4; 29.1-30; 48.1-6; Jr 1.14-16; 2.1–3.5; 4.5–6.30; 7.30–9.26; 10.17-22; 12.1-13; 13.1-12; 15.1-9; 16.1-17.4; Ez 4.1-7.27; 11.10-11; 12.1-28; 14.12-23; 18.30; 21.8-32; 24.1-14, Os 2.9-13; 4.1–5.15; 6.4-11; 7.11-13; 8.1–10.15; 13.1-3; Jl 1.1-2.11; Am 2.6–3.15; 4.1-13; 5.1-3, 18-17; 6.1-14; 8.9-14; 9.1-10; Mq 1.2-16; 2.3-5; 3.11-12; 6.9-16; Sf 1.4-2.2; Ml 3.1-5. Veja também Esdras 5.12. Também no Novo Testamento (Mt 21; 23; Mc 11; 12; Lc 19; 20; Jo 2; Mt 3.7).

107 Êx 19.5-6; 24.6-8; Mt 23; Mc 12; Lc 20; e especialmente Mt 3.7 e paralelos: *Quando João viu que muitos fariseus e saduceus vinham ao seu batismo, disse-lhes: — Raça de víboras! Quem deu a entender que vocês podem fugir da ira que está por vir?*

108 Ez 16.15,17,28,35,41; 23.1-21, 44; Is 1.21; 57.3; Jr 2.20; 3.1; 13.27; Os 2.2-5; 4.12, 15, 118; 5.4; 9.1; Mq 1.7. Há duas cidades além de Jerusalém/Israel que também são chamadas de prostituta — Tiro (Is 23.17; veja 1Rs 5.1-12; 9.13; Am 1.9) e Nínive (Na 3.4) — ambas porque são as únicas cidades no Antigo Testamento, além de Jerusalém, com quem Deus tinha estabelecido uma aliança e depois, voltaram à idolatria.

109 Lv 26.

o Império Romano no livro de Apocalipse. Assim, o castigo de Deus se manifesta como uma inversão da primeira aliança com Abraão em Gênesis 12.1-3. Quando o povo de Deus deixa de ser uma bênção (arauto e exemplo do Deus Santo e Justo) para "todas as famílias da terra" (os povos estrangeiros), Deus então usa as forças estrangeiras para castigar ("amaldiçoar" — Gn 12.3) o seu próprio povo. Foi a advertência dos profetas, a advertência de João Batista e de Jesus nos Evangelhos, e agora de Jesus por meio de seu servo João no livro de Apocalipse. Coisa seríssima.

Para refletir

Deus é amor. Deus é compaixão. Deus é santo. Deus é justo. Deus quer comunhão com a humanidade. Por isso, faz alianças. Uma relação íntima. Escolheu um povo para abençoar todos os povos. Deus é fiel e exige fidelidade, por isso sua justa ira veio sobre Israel e sua liderança quando foram hipócritas infiéis. E vem sobre todas as pessoas, instituições e líderes religiosos quando não são fiéis. É hora de olhar para dentro de nós e de nossas igrejas para fazer uma autoanálise, identificar e confessar nossa infidelidade e mudar. Se não...

21

O julgamento final: a prostituta e a besta

Apocalipse 17 — 18

Os reis da terra, que com ela se prostituíram e viveram em luxúria, vão chorar e se lamentar por causa dela, quando virem a fumaça do seu incêndio. E, conservando--se de longe, com medo do seu tormento, dizem: "Ai! Ai de você, grande cidade, Babilônia, cidade poderosa! Pois em uma só hora chegou o seu juízo." — **Apocalipse 18.9-10**

Os sete flagelos derramados por sete anjos em Apocalipse 15 e 16 (vejá o cap. 19 neste livro) agora são interpretados mais ainda por meio de dois anjos (Ap 17.1; 18.1) através da revelação da Grande Prostituta e da besta em Apocalipse 17 e 18. É o julgamento final destas figuras. Já identificamos a Grande Prostituta, comparada à Babilônia (Ap 14.8; 17.5), como Jerusalém/Israel infiel e corrupto[110], o objeto de crítica dos profetas do Antigo Testamento, de

110 Lembrando também da crítica aos ensinos dos nicolaítas, entre eles a falsa profetisa Jezabel, crítica direcionada à Igreja de Pérgamo (Ap 2.14) e de Tiatira (Ap 2.20-21; veja também Ap 2.9). Ou seja, a polêmica a respeito da Grande Prostituta tem ainda as cartas às sete igrejas na mira!

João Batista e Jesus e de alguns dos seus contemporâneos, como a comunidade do Mar Morto (provavelmente essênios), e não como Roma ou o Império Romano. Este último seria a besta, como sugerem as qualificações de cor de realeza, escarlate, de nomes de blasfêmia[111], de sete cabeças e de dez chifres. Certamente os primeiros ouvintes desta revelação no Oeste da Turquia teriam entendido estas descrições da besta como sendo de Roma e do Império Romano.

Antes da comparação explícita da Grande Prostituta com a Babilônia (Ap 17.5)[112], há uma alusão a duas das suas características: *Está sentada sobre muitas águas* (Ap 17.1-2), uma referência à Babilônia e ao Rio Eufrates e sua vasta rede de canais (Jr 51.13). *Os reis da terra se prostituíram com ela, e os que habitam na terra se embriagaram com o vinho da sua prostituição* (Ap 17.2). Pela conexão com a Babilônia antiga e com a ideia de prostituição já sabemos mais sobre a *natureza* da sua idolatria: a busca pela riqueza e o luxo, uma associação comum no Novo Testamento em geral[113] e especificamente em Apocalipse 18. "Jerusalém" e sua liderança ligada ao templo cooptou com os mesmos valores de luxo que caracterizou o império — a crítica severa de Jesus nos Evangelhos (Mt 21–23 e paralelos) e agora aqui também em Apocalipse. Israel, que deveria ser um meio de bênção para todos os povos (Gn 12.3), agora estava "vendendo a sua alma" atrás de riquezas e assim comprometendo seu

111 A imagem dos imperadores romanos era gravada nas moedas em circulação com títulos como *Diana Lucifera* ("Diana que traz a luz"); *Augustus* ("venerável "ou "majestade"); *D N* (de Dominus Noster, "nosso Senhor"), *Summus Sacredos Aug* (nosso sumo sacerdote Augustus); *Sebastos* ("Senhor" em referência a Augustus); *Nero Kaisar* (Nero é o Senhor); *Ti[berivs] Caesar Divi Avg[vsti] F[ilivs] Avgvstvs* ("Caesar/Senhor Augustus Tiberius, filho do divino Augustus"), nomes considerados blasfêmias pelos judeus e cristãos.

112 A *Grande* Prostituta (Ap 17.1) é igualada à *Grande* Babilônia (v. 3) através da qualificação mútua de *grande* (veja Ap 11.8 e nossas observações no cap. 15). Nomes na testa expressam a verdade última sobre a pessoa: os 144.000 têm o nome de Deus e do Cordeiro (Ap 7.3; 14.1; 22.4); os discípulos do diabo têm o nome ou número da besta (Ap 13.16; 14.9) e assim também a prostituta tem o nome da "Babilônia" (Ap 17.5; veja 14.8; 16.19; 18.2,10,21).

113 Mt 6.24; Lc 16.13; 1Tm 6.10; Hb 13.5.

testemunho para as nações[114]: *os reis da terra se prostituíram com ela*. O domínio da Prostituta (Ap 17.18; veja 18.7), em termos políticos e financeiros, facilmente poderia se referir ao domínio do Império Romano, uma interpretação comum, mas *bíblica e teologicamente* se refere à vocação de Israel de abençoar todas as famílias da terra (Gn 12.3) e ser um reino de sacerdotes no mundo todo que pertence a Deus (Êx 19.5-6), uma vocação de receber dentro da sua cidade santa, Jerusalém, a peregrinação de todos os povos (Is 66). Ou seja, uma vocação que deriva da sua aliança abraâmica (Gn), mosaica (Êx) e davídica (2Sm 7; Is 66). Em vez de ser testemunho da misericórdia e justiça de Deus, ao ver o desejo da Prostituta/Israel infiel pelos valores do império, os povos *se prostituíram* com ela e desejaram o que ela desejava, a busca insaciável pelo luxo (Ap 17.2).

Lembra-se da analogia dos flagelos de Apocalipse 15 e 16 com as pragas do êxodo do Egito? Quando João foi levado para ver a prostituta no deserto (Ap 17.3) lembramo-nos da tentação de Israel no deserto: o desejo de voltar para o conforto e as riquezas do Egito. Agora sua admiração idólatra é pela riqueza de outro império, o romano, na imagem da besta. A prostituta se veste como a besta mostrando sua idolatria. As *abominações e imundícias* que enchem o cálice de ouro na mão da mulher[115] serão elaboradas depois (Ap 18.6) e novamente se referem à busca desenfreada pelo luxo.[116] A prostituta se embriaga com o sangue dos santos e dos testemunhos de Jesus (Ap 17.6) da mesma forma que a liderança judaica infiel e o próprio apóstolo Paulo (antes da sua conversão) desejavam a morte de Jesus e dos seus seguidores (Gl 1.13).

114 As nações — *povos, multidões, nações e línguas* — curiosamente são a interpretação mais correta das "águas" sobre as quais Israel infiel se sentava (Ap 17.15).

115 Ver o tema de duas prostitutas gêmeas em Ez 23: Oolá (Samaria) e Oolibá (Jerusalém), a última sendo aquela que recebe o cálice da sua irmã.

116 Uma "abominação" que era comumente associada nas Escrituras com a idolatria, que por sua vez era também taxada de "prostituição" que já vimos, dentro do contexto, se refere à cobiça pelas riquezas e luxo.

João, admirado com o que viu (Ap 17.3-6), recebe a explicação do anjo sobre o mistério da mulher e o mistério da besta... e isso na ordem inversa.

O mistério da besta *que era e não é mais* é uma paródia do mistério de Deus, *aquele que é, que era e que há de* vir (Ap 10.7; 1.8).[117] Ela se estima ser divina. Antes em Apocalipse lemos que ela é adorada como deus por seu poder sem rival (Ap 13.4), o que leva à adoração também do dragão, o diabo (Ap 13.2-4). E quem não adora a besta ou sua imagem é morto (Ap 13.12-15). Logo vem a interpretação da sua identidade (Ap 17.9-14). A explicação novamente é numérica[118]: sete cabeças são sete montes (Ap 17.9-10)[119] e sete reis (Ap 17.12-14) dos quase cinco já passaram, o sexto está reinando e o sétimo reinará brevemente (Ap 17.12-14).[120]

Como entender o versículo 11 — *E a besta, que era e não é mais, é também o oitavo rei, mas faz parte dos sete, e caminha para a destruição*? Um oitavo rei, fora da sequência numérica de sete, mas que faz parte dos sete? Aqui, nossos queridos leitores, simplesmente não sabemos. Sim, já estamos no campo da especulação. Talvez, "faz parte dos sete" se refira a uma soma dos sete como se fosse uma representação "comum" de todos os dominadores romanos ou até mesmo de qualquer lugar em qualquer época. Talvez sim, talvez não. O que é seguro é o seu destino eventual: *caminha para a destruição*. E os dez chifres que são reis (governantes) sem reinos (governos), mas que recebem

117 Veja o mistério e o homem da iniquidade em 2 Tessalonicenses 2.3,7.

118 Apocalipse 17.9, lembrando de 13.18, que exige literalmente "cálculo" numérico (das letras numéricas do alfabeto no qual 666 é o valor numérico de Nero César).

119 Já conhecido popularmente como os sete montes onde a Roma era situada.

120 As listas antigas de imperadores romanos tipicamente começaram ou com Júlio ou com Augustus, geralmente o último. Assim a listagem seria Augusto (1°, de 27 a.C. a 14 d.C.), Tibério (2°, de 14 a 37), Calígula (3°, de 37 a 41), Cláudio (4°, de 41 a 54), Nero (5°, de 54 a 68), Galba (6°, de 68 a 69), Otão (7°, 69). Galba assumiu já velho e reinou apenas pouco mais de 7 meses, Otão apenas 3 meses, o que explica a frase em Apocalipse 17.10: ... *cinco caíram, um existe e o outro ainda não chegou; e, quando chegar, tem de durar pouco tempo*.

autoridade da besta (Roma), nos lembra de Daniel 7.8,20,24 e possivelmente representam governadores de províncias romanas. Como o poder corrompe!

Todos eles lutarão contra o Cordeiro, mas por ele serão **vencidos** (Ap 17.14; veja Ap 14.1 e Sl 2.6). Isso nos remete para trás, para os preparativos para a batalha final de Armagedom (Ap 16.12-16), e para frente, para o relato desta batalha (Ap 19.19-21; veja Sl 2.9). É importante observarmos a frase: *serão vencedores também os chamados, eleitos e fiéis que estão com o Cordeiro* (Ap 17.14), que nos lembra de que os seguidores fiéis do Cordeiro entre judeus e gentios participam da luta até o fim da missão de Cristo. Não somos meros espectadores! Participaremos também da vitória.

Os últimos versículos (Ap 17.15-18) trazem a interpretação do anjo à sua conclusão. Na vitória dos redimidos entre os povos, multidões, nações e línguas, os dez chifres[121] e a besta (Roma), de repente se revoltam contra a prostituta (Jerusalém infiel) como instrumentos do castigo de Deus através do incêndio de Jerusalém que estava por vir, e veio mesmo no ano 70 d.C.[122]

O julgamento final da Grande Prostituta/Israel infiel (Ap 18)

Outro anjo desce do céu, um com grande autoridade que iluminou a terra, para exclamar em alta voz o julgamento categórico da Grande Babilônia, Jerusalém infiel, aqui novamente identificada como a Grande Prostituta (Ap 18.2-3). E ela é denunciada acidamente como *morada de demônios, refúgio de toda espécie de espírito imundo e esconderijo de todo tipo de ave imunda e*

121 Podem ser os procuradores romanos que governavam Judá sob os reinados de Cláudio e Nero a partir de Cuspius Fadus e terminando com Gessius Florus, que governou até o início da Revolta Judaica.

122 Em Ezequiel, Deus avisa Jerusalém que seus amantes anteriores (Babilônia) vão traí-lo de ódio, desnudá-lo e destruí-lo com fogo (Ez 16.37-41; 23.22-30).

detestável (veja Jr 50.8,39-40; 51.7; Is 13.21-22). Mas o julgamento não é indiscriminado. Uma voz celestial adverte aqueles que não são cúmplices a saírem para não sofrer a ira que está por vir (Ap 18.4). Isso já indica mais uma vez que não se trata de Roma, mas da Jerusalém infiel. Isso junto com o aviso de que a retribuição da ira de Deus pela injustiça da "Babilônia" será dobrada (Ap 18.6). Por que dobrada? Porque Jerusalém era para ser um arauto de Deus, um exemplo da sua justiça e não um admirador da luxúria de Roma (Ap 18.5-7). Por isso, os sete flagelos de Apocalipse 15 a 17 cairão sobre ela mesma *de vez!* (Ap 18.8-9,17). Colhe-se o que se planta!

Logo em seguida (Ap 18.9-20) lemos os detalhes da sua ganância pelas riquezas, que era a natureza da sua idolatria contra Deus e que, assim, comprometeu sua vocação como testemunho entre as nações. Lamentos pela perda de todo tipo de comerciante que enriqueceu das vendas de produtos de luxo, os perigos da idolatria do mercado sedutor (Ap 18.11,15,23). É um reconhecimento final de que as orações do povo fiel de Deus contra a injustiças de Jerusalém finalmente foram ouvidas e respondidas (Ap 18.20).

Vem o anúncio da destruição da grande cidade, local da morte de muitos do povo fiel de Deus ao longo da sua história: profetas e santos (Ap 18.24). Roma nunca foi destruída[123], mas Jerusalém foi incendiada e conquistada pelos romanos em 70 d.C., conforme as profecias de Apocalipse 17 e 18. Um lamentável, mas justo fim que entristece o coração de Deus e o nosso.

123 Quando João transcreveu esta revelação de Jesus, havia cerca de um milhão de habitantes em Roma. Começou a diminuir lentamente no século 5 d.C. até chegar a apenas 30 mil no século 10 d.C. Entretanto, Jerusalém, junto com o seu templo, foi destruída em apenas 5 meses pelos romanos em 70 d.C. Josefo, um historiador judeu daquele período, afirma que a cidade foi devastada por assassinatos, fome e canibalismo, e o templo, incendiado.

Para refletir

A mensagem de Apocalipse 17 e 18 para nós hoje exige um autoexame difícil e sério a respeito do estilo de vida que vivemos e os valores materiais que desejamos. O sucesso, a prosperidade, a riqueza, a popularidade, o luxo, a boemia, o prazer, as mídias sociais, a moda, o acúmulo, a ostentação e a ambição podem se tornar ídolos para o povo de Deus. Quais são os ídolos que tentam você? A que você precisa renunciar? O individualismo e o egoísmo podem nos fazer esquecer da prioridade da solidariedade e do bem comum de todos e todas. Seguimos o Cristo manso e humilde, o Crucificado, ou não?

7º sete

Sete visões do fim

Apocalipse 19.10 — 22.5

22

Quatro aleluias e o julgamento da besta e do falso profeta

Apocalipse 19

Então ouvi o que parecia ser a voz de uma grande multidão, uma voz como de muitas águas e como de fortes trovões, dizendo:
"Aleluia! Pois reina o Senhor, nosso Deus, o Todo-Poderoso.
Alegremo-nos, exultemos e demos-lhe a glória,
porque chegou a hora das bodas do Cordeiro, e a noiva dele já se preparou.
A ela foi permitido vestir-se de linho finíssimo, resplandecente e puro." — **Apocalipse 19.6-8**

Ufa! A barra tem sido pesada! A luta contra o mal dentro e fora do povo de Deus tem sido pesada! O julgamento de Deus não é fácil, mas a vitória do Cordeiro é garantida! Os horrores bizarros vão passar! A hora de cantar aleluias e louvores está começando! Você está dentro?

Quatro aleluias (19.1-11)

Aleluia! É a única ocorrência desta palavra transliterada do hebraico no Novo Testamento. Sua repetição por quatro vezes (Ap 19. 1,3,4,6) marca os quatro cânticos finais dos últimos quatro capítulos do livro de Apocalipse e assim caminhamos para a sua gloriosa conclusão. Quatro repetições para nos lembrar da universalidade do juízo (Ap 7.1-4) nos capítulos anteriores e agora da salvação nos capítulos finais. Os anunciantes também são universais: uma grande multidão nos céus (Ap 19.1), os vinte e quatro anciãos e os quatro seres viventes que cercavam o trono de Deus (Ap 19.4; veja Ap 4), e outra grande multidão, desta vez de toda a terra (Ap 19.6; veja Ap 17.15). E o conteúdo, a mensagem desses cânticos?

A sua mensagem. Lembrando os grandes temas nas Escrituras[124] e do próprio livro de Apocalipse[125], os cânticos anunciam a grandeza de Deus especialmente como justo juiz para julgar toda a corrupção e os corruptos (Ap 19.1b-3) e a favor de toda justiça e os justos e justas (Ap 19.6b-8). Também deixa claro que os tementes a Deus, isto é, aqueles e aquelas que verdadeiramente dependem *de* e confiam *em* Deus (o sentido de "crer") são de todas as camadas sociais: *os pequenos e os grandes* (Ap 19.5) que nos lembram das bem-aventuranças de Jesus e do grande banquete em Lucas 6.20-26 e 14.12-24. Perguntas importantíssimas: Como podemos louvar a Deus na nossa diversidade se as nossas igrejas e os nossos cultos não refletem tal diversidade? O que diria Jesus para nós hoje!?

Outra parte da mensagem: o Senhor está reinando! (Ap 19.6). O governo de Deus anunciado e inaugurado por Jesus agora está

124 Dt 32.43; Sl 115.13; Is 34.10; 61.10; Ez 1.24.

125 Ap 1.15; 3.4; 4.10; 11.15, 17; 16.7; 19.14.

chegando a sua plena concretização![126] São as "bodas do Cordeiro" conosco quando ele *e nós*(!) terminamos a tarefa missional de sujeitar todas as coisas debaixo dos pés de Jesus e reconciliar todas as coisas a ele mesmo por meio de *atos de justiça* (Ap 19.8b).

O seu impacto. Esses cânticos de aleluia fazem parte da inspiração de um dos coros mais magníficos, composto em 1741 por Georg Friedrich Händel (Ap 19.6; veja 19.16 e 11.15).[127] Depois de receber a incumbência de fazer a composição junto com uma recomendação de passagens bíblicas, ele se isolou dentro do seu apartamento e começou. Logo veio a inspiração e em pouco mais de duas semanas já tinha esboçado o oratório inteiro, *Messias*, da qual o coro "Aleluia" faz parte. Trabalhando dia e noite pediu para seu assistente deixar comida do lado de fora da porta de vez em quando. Um dia, quando o assistente bateu na porta, não houve qualquer resposta. Quando abriu a porta encontrou Händel chorando. Quando o assistente perguntou por que estava chorando, ele respondeu proclamando: "Tenho visto a face de Deus" enquanto elaborava a composição do coro "Aleluia", que acabou sendo a coroa da sua carreira. Caiu no chão e chorou em pranto pelo grande dom de música que Deus lhe havia dado. Essa deve ser apenas uma pequena amostra daquilo que João experimentou quando ouviu os coros de aleluia das multidões no céu (o exército angélico), na terra (todos os santos e santas) e no próprio trono de Deus (os 24 anciões e os quatro seres viventes = todo o povo de Deus no Antigo e no Novo Testamento e toda a criação dos quatro cantos da terra). O amor a Deus se

126 Mc 1.14-15; Mt 12.28; Lc 11.20; 1Co 15.20-28; 2Co 5.17-21; Ef 1.9-10, 20-23; Cl 1.20-23.

127 Händel compôs 42 óperas; 29 oratórios, 116 concertos de órgão; mais de 120 cantatas, trios e duetos; além de numerosos árias, peças musicais de câmara, odes e serenatas. Das suas mais que 200 obras-primas, o mais famoso é este coro "Aleluia", do oratório *Messias*. O texto do oratório começa na Parte I com profecias de Isaías e outros, e passa para a anunciação aos pastores, a única "cena" tirada dos Evangelhos. Na Parte II, Handel concentra-se na Paixão de Jesus e termina com o coro "Aleluia". Na Parte III ele engloba os ensinamentos de Paulo sobre a ressurreição dos mortos e a glorificação de Cristo no céu.

expressa pelas nossas ações sacrificiais e pelos nossos "lábios": o que escrevemos (Ap 19.9), falamos e, acima de tudo, cantamos de todo o coração.

O conteúdo da proclamação das nossas ações sempre deve focar o testemunho a respeito de Jesus. Essa é a ideia de uma tradução melhor, menos ambígua e confusa, do final do v. 10. Em vez de: *Pois o testemunho de Jesus é o espírito da profecia*, melhor seria: *o espírito da profecia*[128] *é o testemunho sobre Jesus.*

O CAVALEIRO QUE VENCE (19.11-21)

Embora seja uma continuação da passagem anterior (Ap 19.1-10), esta é a primeira de três passagens que tratam do julgamento de Deus: sobre a besta, o falso profeta e os reis da terra (Ap 19.11-21); a vitória sobre Satanás no clímax do milênio (Ap 20.1-10); e o julgamento sobre e a derrota da Morte e do Inferno e o advento da nova Jerusalém (Ap 20.11-15). Três seções que nos preparam para o *grand finale* desta revelação de Jesus *e de todas as Escrituras!* É o casamento do Cordeiro com o seu povo em uma Jerusalém totalmente renovada (Ap 21.1–22.5).

Esta primeira passagem também começa a resumir e assim revelar as partes anteriores da revelação (veja o quadro abaixo). A identidade do cavaleiro é inconfundível, tanto pela referência logo anterior ao Cordeiro (Ap 19.9) quanto por seus títulos, especialmente "Verbo de Deus" (veja Jo 1.1)[129], por sua descrição (Ap 19.12-13; veja 1.13-14; 5.5-6) e por seu título (Ap 19.16 e 17.14; veja 1.5). É Jesus, o mesmo identificado no versículo

128 A profecia autêntica é sempre inspirada pelo *Espírito* de Deus, que dá testemunho sobre os propósitos de Deus em Jesus.

129 Junto com a repetida referência a Jesus como Cordeiro, esta correspondência do nome "Verbo de Deus" com o Evangelho de João é um argumento usado pelos comentaristas que identificam João de Apocalipse como o próprio apóstolo João. Nós optamos por outros argumentos textuais e contextuais que o identificam como um profeta, mas não necessariamente o apóstolo.

imediatamente anterior como o foco do espírito da profecia. O versículo 11 continua o pensamento do versículo 10!

19.11	cavalo branco	6.2
19.11	Fiel e Verdadeiro	1.5; 3.14
19.12	olhos como chama de fogo	1.14
19.15	pisa o lagar do vinho da sua ira	14.19-20
19.16	Rei dos reis e Senhor dos senhores	17.14 ordem reversa
19.17	anjo grita em alta voz	18.2
19.19	a besta	17.3ss
19.19	os reis da terra	17.12-14
19.20	a marca da besta	13.16-17
19.20	adoradores da sua imagem	13.15
19.20	lago que queima com enxofre	14.10
19.21	espada que saía da boca	1.16

Também é absolutamente necessário dar o devido peso para a primeira descrição do cavaleiro, "Fiel e Verdadeiro", que *julga e combate com justiça* (Ap 19.11,15; veja Sl 2.7-9). Repare bem. A batalha que se segue nada tem a ver com vingança. Nada. É uma questão de justiça, não vingança. Justiça! Um Deus de amor que é justo não pode permitir a permanência da injustiça e até mesmo, eventualmente (depois de esgotar todas as oportunidades para arrependimento), os próprios propagadores da injustiça.

Quem são os exércitos "do céu" que acompanham o cavaleiro? Por sua descrição de vestimentas de *linho finíssimo, branco e puro* (Ap 19.14) só podem ser a correspondência celestial dos santos e santas, o povo de Deus (Ap 19.8). É importante observarmos isso, porque já vimos outras vezes que nós, povo de Deus, temos participação ativa na realização e conclusão dos propósitos últimos de Deus. Não somos meros espectadores passivos. É preciso engajamento!

Outra curiosidade é a inscrição na coxa do cavaleiro, *Rei dos reis e Senhor dos senhores*. Em aramaico, a língua que Jesus falava, isto é, *mlk' dmlk' (v) mrn' dmrnv*.[130] Tirando o "e" (*v*) do meio, as letras somam 777, uma trindade de setes que representam a perfeição. Ou seja, este cavaleiro, Jesus, é o próprio Deus Todo-Poderoso, o antídoto de 666, a besta, que almeja ser Deus, mas fica pateticamente aquém.

Agora vem, nos vv. 17-21, o julgamento em si, e isso da perspectiva celestial. Mais uma vez, é coisa horrorosa, mas inevitavelmente necessário. Primeiro vem a prisão da besta (Império Romano) junto com os seus exércitos (aliados romanos) e ainda o falso profeta. Depois, o castigo final, os dois lançados no lago de fogo que queima com enxofre e os demais mortos com a espada que sai da boca de Jesus.

É a primeira das três fases do julgamento final. Vem mais (Ap 20.1-10,11-15) logo em seguida.

Para reflexão

Falamos no começo que Apocalipse é um livro litúrgico — com liturgias celestes, terrestres e conjuntas — com adoração, oração, mensagens contundentes, confissão e convites à conversão. Se você chegou até aqui, é hora de refletir e responder a esta pergunta: Sua vida litúrgica inclui confissão sincera diária e conversão contínua?

130 Escrevia-se hebraico e aramaico tipicamente sem as vogais. Somente as consoantes eram enumeradas. Com as vogais, seria *melca demalca, maran demaranu.*

23

O julgamento final de Satanás e da Morte

Apocalipse 20

Então vi descer do céu um anjo que tinha na mão a chave do abismo e uma grande corrente. Ele segurou o dragão, a antiga serpente, que é o diabo, Satanás, e o prendeu por mil anos. Lançou-o no abismo, fechou-o e pôs selo sobre ele, para que não mais enganasse as nações até se completarem os mil anos. Depois disso, é necessário que ele seja solto por um pouco de tempo. — **Apocalipse 20.1-3**

A mensagem de Apocalipse 20 é importante porque finaliza de vez todas as passagens anteriores sobre o julgamento de todo o mal para abrir a cortina nos capítulos 21 e 22 e focar a redenção final de Deus. Assim conclui, não só o livro de Apocalipse, mas *todas as Escrituras*, com redenção de céus e terra (Ap 20.1-8), de Jerusalém (Ap 21.2,9-26) e do Éden (Ap 22.1-5), todos restaurados e, assim, *novos* — a morada de Deus com a nova humanidade.

No capítulo 20 passamos para a segunda e terceira fases do julgamento final, o julgamento de Satanás e seu exército e depois da própria Morte e do Inferno (Ap 20.1-15). Aqui lemos a respeito de um período de mil anos, o milênio. Sua interpretação é uma das principais divergências sobre como entender o livro do Apocalipse e a vinda de Cristo. Sem dúvida este capítulo 20 é o mais controverso desde os comentaristas nos primeiros séculos da igreja.[131] A divergência gira em torno de duas questões principais: primeiro, se o capítulo 20 descreve uma *sequência cronológica* dos capítulos 17 a 19 ou se é uma *recapitulação ampliada*; e segundo, como entender a referência ao *milênio*, literalmente ou não. Vamos ver essas duas questões primeiro (na ordem inversa) lembrando que não há um consenso entre os comentaristas antigos e contemporâneos que priorizam uma interpretação histórica. Depois, focaremos o conteúdo da mensagem em si, também nas suas duas partes principais: o julgamento final de Satanás (Ap 20.1-10) e o julgamento final da morte (Ap 20.11-15).

Sequência cronológica ou recapitulação ampliada?

Por um lado, uma leitura *sequencial* de Apocalipse 20 depois do capítulo 19 faz bastante sentido. Inclusive vários comentaristas nos primeiros séculos da igreja, mas não todos, leram desse jeito. Certamente o "então vi" (no original, *kai eidon*, Ap 20.1) parece uma sequência *cronológica*. Porém, aqui seria bom nos lembrarmos da tabela e da nossa exposição no capítulo 11 deste livro. Ela ilustra como o livro de Apocalipse progride não como uma escada reta sem retornos, mas mais como uma escada espiral que sobe, sim, e chega cada vez mais perto do final, mas sempre dando uma volta para os mesmos temas e isso por meio

131 Aqui vamos apresentar os principais motivos da nossa interpretação sem entrar em muitos detalhes. Para os detalhes referimos as nossas leitoras e os nossos leitores aos comentários técnicos e mais elaborados.

de "sete setes", sendo que o quinto e o sexto geralmente são mais elaborados e o sétimo mais ainda. Reproduzimos a tabela a seguir.[132] Deu para entender?

Apocalipse

<table>
<tr><td rowspan="4">Prólogo 1.1-3</td><td>1º sete:
7
candelabros</td><td>2º sete:
7
igrejas</td><td>3º sete:
7
espíritos</td><td>4º sete:
7
selos</td><td>5º sete:
7
trombe-tas/ais</td><td>6º sete:
7
flagelos</td><td>7º sete:
7
visões finais</td><td rowspan="4">Epílogo 22.6-21</td></tr>
<tr><td rowspan="3">→
1.4-20
a visão de Jesus glorificado
→</td><td rowspan="3">→
c.2–3
as cartas para as igrejas
→</td><td rowspan="3">→
c.4–5
Deus e o Cordeiro no trono
→</td><td>c.6–7
selos
1-6</td><td></td><td rowspan="2"></td><td rowspan="3">19.11–22.5
1º > 19.11-16
2º > 19.17-18
3º > 19.19-21
4º > 20.1-3
5º > 20.4-10
6º > 20.11-15
7º > 21.1–22.5
novo céu/ nova terra
nova Jerusalém</td></tr>
<tr><td rowspan="2">→
c.8–14
(22.5)
7º selo
→</td><td>8.1–11.14
trombe-tas 1-6</td></tr>
<tr><td>→
11.15–14.20
(22.5)
7ª trom-beta
→</td><td>15.1–16.16
flagelos
1-6
→
16.17–19.10
(22.5)
7º
flagelo
→</td></tr>
</table>

Ah! Lembremo-nos também de outro detalhe que quase todo mundo esquece ou ignora: o propósito explícito afirmado bem no início: *Revelação* [...] *para mostrar* [...] *as coisas que EM BREVE devem acontecer*" (Ap 1.1 — ênfase acrescentada). Somos tão condicionados a ler este livro como uma referência ao nosso

132 Veja também a tabela do capítulo anterior (22).

futuro que fica muito difícil aceitar a afirmação explícita de que o livro está falando do futuro *próximo* dos primeiros leitores e leitoras, que é o nosso *passado*, mesmo se estendendo ao nosso presente e ao nosso futuro. Isso é bem parecido, como deveria ser, com a visão que Jesus expôs em Mateus 24.1-14 (Mc 13.1-13; Lc 21.5-19), uma visão de tribulação, guerras, falsos profetas e falsos messias *desde o início até o fim* e paralelamente à pregação do Evangelho, cuja conclusão delimita o fim. Paulo tem uma maneira um pouco mais "teológica" de falar sobre este período em que o Cristo ressurreto está sujeitando todas as coisas e todos os seus inimigos debaixo dos seus pés (Ef 1.9-10; 1Co 15.20-28), e isso com o envolvimento da igreja, que é o seu corpo (Ef 1.20-23; 3.10). Quer simplificar? Perseverança na tribulação e a proclamação das boas-novas a partir da ressurreição de Jesus até o seu retorno: desafio que nos compete!

O milênio é literal?

Esta questão é bem mais fácil por causa do repetido uso simbólico de números e a representação numérica das letras do alfabeto (formando palavras) no grego, hebraico e aramaico, que não possui numerais (como 1, 2, 3...). Veja: a menção ao número 12 ou 24 frequentemente pode ser uma alusão a Israel (12 tribos), à igreja (12 apóstolos) ou aos dois (todo o povo de Deus no Antigo e Novo Testamento). O número três pode se referir à trindade. Sete quase sempre de refere à perfeição ou ao número completo. Agora, chegando ao milênio, que é dez ao cubo — 10 vezes 10 vezes 10 — é simplesmente uma referência a um número grande, da mesma maneira pela qual usamos as palavras "milhares" ou até "muito" ou "muitíssimo". Não significa *exatamente* o valor numérico de mil.[133] O uso de símbolos é inerente a este gênero literário apocalíptico. Por exemplo, nem os mais literalistas vão afirmar que Jesus era realmente um animal: um cordeiro ou um leão. Por isso, sinceramente é estranha a insistência de alguns em afirmar que é um valor exato.

Então, Apocalipse 20 é uma recapitulação dos capítulos anteriores que relatam a derrota do mal. Essa derrota se iniciou na cruz (Lc 10.18) e ainda continua (1Co 15.20-28), mesmo que Satanás ainda se oponha à igreja (At 5.3; Rm 16.20; 1Co 7.5; 2Co 2.1; Ef 2.1-2). A luta continua. O mal, desesperado, esperneia. O "milênio", portanto, se referia ao período longo da igreja. Falaremos mais sobre isso a seguir. Agora, vamos seguir mais de perto o texto em si de Apocalipse 20.

O julgamento final de Satanás e seus enganados (20.1-10)

São dois cenários: por um lado, a prisão de Satanás, e por outro, a condição dos fiéis durante o reinado de Cristo de "mil" anos. Não devemos perder de vista a *intenção* do capítulo todo de *dar um conforto final para aqueles que foram e ainda serão mártires por causa da sua devoção a Cristo ao invés de cederem à sedução dos valores do império* e o falso deus das riquezas (Mt 6.24; Lc 16.13).

A visão foi da prisão do dragão, a antiga serpente (Gn 3.1), *que é o diabo, Satanás* (Ap 20.2), acorrentado por um anjo do céu e lançado no abismo por mil anos. Infelizmente muitos param a sua leitura nestes primeiros três versículos e se perdem em longas especulações sobre o milênio, *negligenciando, assim, o ponto principal* da passagem que vem nos próximos versículos 4 a 6: o de afirmar o papel sacerdotal (Ap 20.6; veja Êx 19.5-6 e

133 Há quase quatrocentas ocorrências da palavra *mil* nas Escrituras, nunca sendo uma referência a um número exato (p.ex., At 2.41; 4.4; 19.19; 21.20), além de vários textos na literatura judaica antiga.

1Pe 2.9-10!) dos fiéis que resistiram à sedução do império, mesmo a custo das suas próprias vidas! Nestes versículos 4 a 6 Jesus certamente ainda está falando para as "sete" (e todas as) igrejas que exortou para que perseverassem (Ap 2.7,10-11,17,26-28; 3.4-5,11-12,20-21).

O reinado dos mártires junto com Cristo (Ap 20.4-6) durante o milênio já esclarece em que período se refere.[134] Nos Evangelhos[135] e na avaliação de Paulo[136] o reinado de Jesus começou com o seu ministério e continuará até a derrota final de todos os inimigos de Cristo. Este é o período em que Satanás está preso (derrotado/limitado por Deus) e a evangelização se torna possível, *mesmo frente à tribulação* pelos auxiliares de Satanás que permanecem soltos.

Nos versículos 7 a 10 Satanás é solto da sua prisão no final do milênio e por um tempo curto (v. 3). Será a sua última tentativa (sem êxito) de destruir o povo de Deus, os que não foram martirizados. Satanás juntará seus seguidores de todos os cantos da terra e entre todas as nações que compraram sua ideologia de cobiça e ganância para batalhar contra *o acampamento dos santos e a cidade amada* (Ap 20.9). Só que não há batalha alguma porque o fogo de Deus desce dos céus e consome o diabo e todos aqueles que ele havia enganado. Ali se juntam a besta e o falso profeta para um tormento eterno.

---

134 Muitos insistem em uma interpretação do milênio como um período futuro com base na primeira parte de Ap 20.5: *Os restantes dos mortos não reviveram até que se completassem os mil anos*. Entretanto, essa sentença simples e categoricamente não existe nos manuscritos mais antigos, melhores e mais amplamente atestados do livro de Apocalipse, uma observação que a maioria dos estudiosos negligencia. Veja SEDLAK, Jonathan, "Repensando o Apocalipse: Mil anos sem 20:5a", in: *Academia*, 4/12/2022. Disponível em: https://cutt.ly/5ruxXckp (Acesso em 11/03/2025). Sem Ap 20.5a o "milênio" não teria que se cumprir até 70 d.C. e não teria que atrasar quaisquer eventos descritos nas visões dos últimos capítulos de Apocalipse.

135 Mt 4.12-17; Mc 1.1 e especialmente: *Se, porém, eu expulso os demônios pelo Espírito de Deus, certamente **é chegado** o Reino de Deus sobre vocês* (Mt 12.28 — ênfase acrescentada; veja Lc 11.20).

136 *Cada um, porém, na sua ordem: Cristo, as primícias; depois, os que são de Cristo, na sua vinda. E então virá o fim, quando ele **entregar o Reino** ao Deus e Pai, quando houver destruído todo principado, bem como toda potestade e poder. Porque **é necessário que ele reine até que** tenha posto todos os inimigos debaixo dos seus pés* (1Co 15.23-25 — ênfase acrescentada).

A esta altura da nossa leitura convém que andemos com bastante humildade sem bater o martelo sobre conclusões literais. Por quê? Porque até aqui boa parte dos eventos descritos são descritos justamente com símbolos. Isso quer dizer que não podemos concluir nada? Claro que podemos e devemos concluir muita coisa. Por exemplo, o julgamento e a consequente ira de Deus são reais. Ele não convive com a injustiça e para "endireitar" um mundo entortado pela injustiça Deus precisa acabar com a injustiça. Igualmente real é a necessidade de lealdade e fidelidade a Deus como ele se revelou na pessoa histórica de Jesus. Ser fiel a ele significa que defendemos o direito, promovemos a justiça de Deus e anunciamos as boas novas da reconciliação de todas as coisas — a começar com nós mesmos — a toda a criação. Essa é a razão de ser do povo de Deus desde Gênesis 1.26-28 e agora entendido explicitamente a partir de Cristo.

O julgamento final da Morte e do Inferno (20.11-15)

Agora vem o juízo final de Deus. A começar com a visão de um grande trono branco que nos lembra do trono de Deus a partir do capítulo 4 e, por "branco", o cavalo do cavaleiro Jesus do capítulo 19. Dele, céu e terra fogem! Dá para imaginar isto? Fogem porque ele é o seu Criador e a transformação que está porvir em novo céu e nova terra requer o sumiço do velho jeito de ser. Também é a hora do julgamento de todas as pessoas que morreram na terra e nos mares, "*os grandes e os pequenos*", isto é, os "importantes" e os "não tanto". Chegou a hora do veredito final. E o juiz abre os livros... um, em particular, o Livro da Vida, no qual são relatadas as obras de cada um e cada uma (Ap 20.12-13) e, de acordo, cada pessoa é julgada. Não é uma negação da salvação pela graça de Deus, mas as obras são a manifestação necessária e visível desta graça (Ef 2.8-10). Andam de mãos dadas! Obras comprovam a graça, pois são o seu fruto, não a sua semente. *Portanto, toda árvore que não produz bom fruto é cortada e lançada ao fogo* (Mt 3.10; Lc 3.9).

Finalmente, a própria morte e o Hades[137] são julgados e eliminados deixando lugar para a novidade que está por vir nos próximos capítulos finais.

Para refletir

- Diante do fato de que o mal já foi derrotado, está sendo vencido e será eliminado por Deus, como você sente em nosso mundo tenebroso?
- O que é preciso para você perseverar firme na fé e na luta contra o mal?

137 A frase "o Hades" é da Tradução Brasileira (1917) e se refere ao mundo dos mortos (veja a Nova Versão Transformadora). O Hades é o lugar dos mortos impiedosos até o julgamento final e corresponde a Sheol ou simplesmente à Sepultura. O inferno corresponde ao lago do fogo e é chamado também de Geena.

24

Novo céu e nova terra

Apocalipse 21.1-5

E ***vi*** *novo céu e nova terra, pois o primeiro céu e a primeira terra passaram, e o mar já não existe.* ***Vi*** *também a cidade santa, a nova Jerusalém, que descia do céu, da parte de Deus, preparada como uma noiva enfeitada para o seu noivo. Então* ***ouvi*** *uma voz forte que vinha do trono e dizia: "Eis o tabernáculo de Deus com os seres humanos. Deus habitará com eles. Eles serão povos de Deus, e Deus mesmo estará com eles e será o Deus deles."*
— Apocalipse 21.1-3 (ênfase acrescentada)

Em Apocalipse 21.1 a 22.5 chegamos ao fim não só desta revelação por Jesus (*apokalypsis*, Ap 1.1) como também à conclusão do Novo Testamento e de todas as Escrituras. A passagem começa introduzindo o assunto, nada menos que um novo céu e nova terra (Ap 21.1-4). Segue uma elaboração desta nova criação sendo uma a nova Jerusalém (Ap 21.5-27) com o próprio

Éden inserido nela (Ap 22.1-5). A visão não poderia ser mais sublime, a começar com a vista do novo céu e nova terra:

> A visão da nova criação, agora consumada, o alvo final, clímax e cumprimento da missão de Deus, da teologia e das metáforas escatológicas de João e de toda a narrativa bíblica, que começou em Gênesis com a criação do céu e da terra e o belo, delicioso jardim, de tudo que é muito bom. Portanto, os seres humanos usaram a liberdade que Deus lhes deu e escolheram a rebelião, a alienação, o pecado. O Deus missional não abandonou suas criaturas rebeldes, mas foi atrás deles em amor, prometendo restauração e reconciliação. Como essa metanarrativa missional de amor termina? Com a vitória final do bom sobre o mal, a vida sobre a morte, o estabelecimento definitivo do reino de Deus na nova criação! Um mundo novo! Um novo paraíso na terra! Uma volta ao lindo jardim![138]

João, portanto, *vê* coisas lindas que são intimamente interligados! Vejamos.

Novo céu e nova terra (v. 1)

Quatro passagens relevantes esclarecem:

138 Nota sobre Apocalipse 21.1-8 da Bíblia Missionária de Estudo.

Gênesis 1.1	Isaías 65.17	Isaías 66.22	2 Pedro 3.13
No princípio, criou Deus os céus e a terra.	*Pois eis que eu crio novos céus e nova terra; e não haverá lembrança das coisas passadas, jamais haverá memória delas.*	*"Porque, assim como os novos céus e a nova terra, que hei de fazer, estarão diante de mim", diz o* SENHOR, *"assim também estão diante de mim a posteridade e o nome de vocês".*	*Nós, porém, segundo a promessa de Deus, esperamos novos céus e nova terra, nos quais habita a justiça.*

As Escrituras começam com a *criação* dos céus e da terra e concluem com a *visão* de novo céu e nova terra. A distinção do sujeito dos verbos "criar" e "ver" é importante. Deus criou os céus e a terra (Gn 1.1). Mas em Apocalipse 21.1, lemos que João *viu* o novo céu e a nova terra sem menção de quem os criou e quando foram criados. Vamos nos aprofundar na descrição deste novo céu e nova terra um pouco mais adiante onde/quando Deus e o Cordeiro estão *reinando* (no "trono", Ap 21.3; 22.1) e os povos de Deus estão reinando (Ap 22.5). Mas para saber realmente quando, temos que nos referir ao restante do Novo Testamento, especialmente o ministério de Jesus com a inauguração do Reino (Mt 12.28; veja Lc 11.20) e a reconciliação das pessoas com Deus por meio de Jesus como participantes da nova criação (2Co 5.17). Ou seja, o reinado de Deus ou a nova criação surge do ministério de reconciliação por Jesus. Ainda está em andamento e um dia se completará (veja 1Co 15.23-28). Nós temos participação ativa nisto (Ef 1.22-23; 3.10; Rm 8.18-25). Agora!

A linguagem de nova criação/criatura (2Co 5.17) ou nova humanidade nos escritos de Paulo (Ef 2.15; 4.24; Cl 3.10) esclarece o sentido de "novo". João viu *outro* céu e *outra* terra ou viu *este* céu *renovado e esta* terra *renovada*? Se a referência é igual à maneira pela qual Paulo se referia à *nova* criação e à *nova* humanidade, então a referência seria a *renovação* ou *restauração,* em vez de uma *substituição*. Isso combina mais com o uso de "novo" como a tradução de *kainos* em Apocalipse 21.1 do que "novo" como a tradução de *neos* no sentido mais habitual de "fresquinho" ou "jovem". Ou seja, como novas criaturas ou novos homens e novas mulheres em Cristo, somos transformados, sim, mas não trocados. Permanecemos nós mesmos, nós mesmas com nossa história e pessoa. Esta é a linguagem também de Apocalipse.

Mas a Bíblia não fala que este mundo será consumido pelo fogo? A série de livros e filmes populares, *Deixados para trás* , promove esta perspectiva, sim, e acaba sendo gravada na cabeça de muitos. Mas a Bíblia não promove uma visão da extinção do nosso planeta. Nada disso! A única passagem que pode deixar essa impressão é 2 Pedro 3. Mas quando afirma que *os céus e a terra que agora existem têm sido guardados para o fogo* (2Pe 3.7) faz como comparação (*pela mesma palavra*) com o versículo anterior que relata a "destruição" do mundo pelo dilúvio. Ora, o planeta não foi aniquilado por águas no dilúvio e nem será por fogo no futuro. Em ambos os casos a referência é aos *ímpios* e ao sistema pecaminoso dos valores de boa parte da humanidade. Pedro afirma: *Também a terra e as obras que nela existem desaparecerão* (2Pe 3.10b) de modo semelhante ao que João *viu*: *pois o primeiro céu e a primeira terra passaram, e o mar já não existe* (Ap 21.1).

Espera aí, *o mar já não existe*? Novamente, o sentido está na identificação do mar nas Escrituras e na cabeça do povo judaico antigo. O mar é conhecido como o abismo, a habitação do caos e, consequentemente, do mal (Ap 13.1). Lá ficavam os mortos (Ap 20.13), os "monstros marítimos" como o Leviatã (Jó 41; Sl 74.14; Is 27.1) e para o fundo do mar são lançados os nossos pecados (Mq 7.19). Tal lugar não tem espaço no novo céu na terra. Então, existe o mar do abismo, habitação do caos e do mal, e existe o mar que o próprio Deus criou e declarou como sendo "bom" (Gn 1.10)! A declaração da nova criação é uma declaração do fim do mal e o surgimento final da bela ordem e da justiça de Deus.

A CIDADE/NOIVA SANTA (VV. 2-4)

Logo em seguida, João vê uma *cidade santa*[139] que, ao mesmo tempo, é uma *noiva*, que por sua vez são *povos de Deus* (Ap 21.2-3). Uma cidade é uma noiva que são povos?! Não há lugar para uma leitura literal aqui. Claramente estamos lidando com metáforas que expressam de modo *superlativo* uma realidade maior: a comunidade dos fiéis preparados para serem recebidos pelo "noivo" Cordeiro! E para enriquecer ainda mais e negar a literalidade das metáforas, a cidade/noiva/povos são descritos agora como uma tenda, o *tabernáculo de Deus* (veja Êx 37.27), o sinônimo do lar divino. *Deus mesmo estará com eles e será o Deus deles* (Ap 21.3; veja Ez 37.27-28; Lv 26.11-12; Zc 2.10).[140] São imagens riquíssimas e cheias de significância bíblica para descrever a convivência mais íntima, mais real, mais presente, da presença de Deus com o seu povo. O propósito destas imagens é deixar "sem fôlego", maravilhados, encorajados, esperançosos e, ao mesmo tempo, contemplativos. Mas tem mais.

139 Ver Test. de Daniel 5.12; 2Ed 7.26; Hb 11.10; 12.22; 13.14; Fp 3.20; Gl 4.26.

140 A "descida" da cidade santa do céu, também apoia uma leitura da "nova criação" como sendo "esta criação renovada" pois se desce do céu para onde ela vem senão à terra como uma realidade terrestre? No livro de Apocalipse ninguém "ascende" para o céu além do João (4.1) para enxergar as realidades reveladas a ele. Mesmo assim, é importante ressaltar novamente que estamos lidando com metáforas.

A consumação da nova aliança (Jr 31.33). Deus está no meio da humanidade, não mais distante no céu. Cita Ez 37.27, que continua: "As nações saberão que eu sou o Senhor" (Ez 37.28). Também há alusão a Zc 2.10-11: "habitarei no meio de ti, diz o Senhor. Naquele dia, muitas nações se ajuntarão ao Senhor e serão o meu povo." *povos. É a* promessa constante no Antigo Testamento. João mostra a inclusão e universalidade do plano salvífico missional de Deus.[141]

Como seria tal convivência? Nesta convivência, não haverá tristeza. Não está falando de tristezas passageiras. Está falando das causas mais profundas de tristeza: a traição, o abuso e violência de todas as formas, a injustiça de todo tipo (veja Is 25.6-8). E não haverá morte. Isso porque a própria morte já foi destruída (Ap 20.14). É neste sentido que *as primeiras coisas passaram* (Ap 21.4, explicando v. 1!). Não o desaparecimento do mundo, mas a destruição do sistema e dos valores corrompidos deste mundo.

Para refletir

Chegamos ao fim da história deste mundo e ao futuro que Deus promete e prepara para nós. Leia Apocalipse 21.1-3 bem devagar e em silêncio duas ou três vezes. Feche os olhos e, com sua imaginação profética, use as metáforas para contemplar o novo céu na nova terra. Dê graças a Deus e pense no que você pode fazer já para preparar a nova terra e a nova humanidade.

141 Nota sobre Apocalipse 21.3 da Bíblia Missionária de Estudo.

25

A nova Jerusalém = a Nova Criação ≠ a Velha Jerusalém

Apocalipse 21.5 – 22.5

E aquele que estava sentado no trono disse: — **Eis que faço novas todas as coisas**.
E acrescentou: — Escreva, porque estas palavras são fiéis e verdadeiras.
Disse-me ainda: — **Tudo está feito!** *Eu sou o Alfa e o Ômega, o Princípio e o Fim. Eu, a quem tem sede, darei de graça da fonte da água da vida.* — **Apocalipse 21.5-6** (ênfase acrescentada)

Apocalipse 21.5 a 22.5 amplia a empolgante "introdução" em 21.1-4 e conclui a visão de julgamento e redenção que domina este livro. Seguem-se várias passagens que "fecham" o livro (Ap 22.6-21) que veremos depois. Duas frases marcam o início desta ampliação:

1. — *Eis que faço novas todas as coisas* (Ap 21.5), que retoma o assunto anunciado na introdução;
2. — *Tudo está feito* (Ap 21.6), anunciando o paralelo entre a destruição final da "Babilônia" (veja "está feito" em Ap 16.17), a antiga Jerusalém, e o brilho da nova Jerusalém.

A antiga Jerusalém almejava a falsa preciosidade e caráter do Império Romano. A nova Jerusalém exala a preciosidade genuína e o caráter de Deus. Por isso, é muito importante não confundir ou igualar as duas. Vejamos.

O próprio Deus fala! (21.5-8)

Preste atenção dobrada! Escute com o coração! Guarde na alma! Estamos diante de uma das mais importantes afirmações da Bíblia. Nesta rara ocasião, João nãoi escuta algum mero anjo, por mais importante que seja o seu papel, mas a voz do próprio Deus. Isso mesmo! E o que diz? — *Eis que faço novas todas as coisas*. E nós? Sim, todos os seus seguidores têm papel importante, responsabilidade séria e participação ativa. Mas em *primeira* e em *última* instância Deus é soberano e é Deus — mesmo por meio de criaturas frágeis como nós — que renova, restaura e refaz a sua própria obra mestre: a criação, tendo como o ponto mais alto (Gn 1.26-28) e mais central (Gn 2.7) o ser humano feito à sua imagem e renovado em nova humanidade. Esta é a mensagem, a absoluta soberania de Deus, que precisa ser divulgada ("*escreva!*") por João e por nós hoje.

Missão cumprida! Estas palavras afirmam a restauração e redenção divina de toda a criação que tem sofrido da destruição e do descuido da humanidade, a recriação da boa terra que Deus formou em Gênesis 1–2. Este novo céu e nova terra (v.1) é a velha terra restaurada. Encontramos aqui o clímax do fio áureo do cuidado da criação que corre em todas as Escrituras (veja Cl 1.15-20; Rm 8.20-25).[142]

Deus continua:

> — *Tudo está feito! Eu sou o Alfa e o Ômega, o Princípio e o Fim. Eu, a quem tem sede, darei de graça da fonte da água da vida. O vencedor herdará estas coisas, e eu serei o Deus dele e ele será o meu filho. Quanto, porém, aos covardes, aos incrédulos, aos abomináveis, aos assassinos, aos imorais, aos feiticeiros, aos idólatras e a todos os mentirosos, a parte que lhes cabe será no lago que está queimando com fogo e enxofre, a saber, a segunda morte.* — **Apocalipse 21.6-8**

A soberania é absoluta: primeiro e último. A redenção segura: *a fonte da água da vida*, isto é, vida verdadeira, plenitude, qualidade máxima de vida (veja Is 55.1). E um pequeno — enorme — detalhe: *o **vencedor** herdará...*, uma frase que nos remete novamente ao final de cada uma das cartas para as igrejas do Oeste da Turquia e mais um entre tantos outros indícios de que tudo isso está sendo dito para estas igrejas (e por meio delas a todas as igrejas da história). Entretanto, observe bem. Isso mostra claramente que jamais podemos perder de vista o contexto histórico bem concreto e bem real desta revelação de Jesus.

142 Nota sobre Apocalipse 21.5-6 da *Bíblia Missionária de Estudo*.

E agora chegamos à segunda parte desta fala de Deus, "*quanto, porém, aos covardes...*" Também é um indício seguro de como entender as visões de Apocalipse em termos de recapitulação e não estritamente de sequência cronológica. Por quê? Porque estes covardes e outros que "serão" jogados no lago de fogo (Ap 21.8), já "foram" lançados no lago de fogo no capítulo anterior (Ap 20.15). Trata-se de recapitulação e ampliação.

A descrição da nova Jerusalém (21.9 – 22.5)

Embora a nova Jerusalém já tenha sido anunciada na introdução (Ap 21.2) e no próprio anúncio por Deus na promessa da fonte da água da vida (Ap 21.6), que faz parte da nova Jerusalém (Ap 22.1-2), a cidade é descrita em mais detalhes a partir de Apocalipse 21.9. Um dos sete anjos dos sete flagelos levou João, *no Espírito*, isto é, por meio de uma visão, a *uma grande e elevada montanha.*[143] Repare alguns detalhes: primeiro, a cidade continua sendo uma pessoa, a noiva, a esposa do Cordeiro (Ap 21.9). O contraste é com a Grande Prostituta, que entendemos como a velha Jerusalém, que havia "se prostituído" unindo-se aos valores do Império Romano em vez de a Deus.[144] Segundo, novamente a nova Jerusalém *desce* do céu "da parte de Deus" (Ap 21.10), isto é, de onde Deus "habita", e por isso mesmo, esta cidade/noiva brilha (Ap 21.11,23) com a glória de Deus. Aliás, toda a descrição que se segue com as suas pedras preciosas e ouro puro "transluzente" (*semelhante a vidro límpido*, Ap 21.18) ressalta o brilho/glória da cidade/noiva, que depois reconhecemos como cidade/noiva/povos (Ap 21.24-25). Não podemos de maneira alguma imaginar isso literalmente, e as metáforas que

143 Ezequiel 28.12-14 identifica a montanha sagrada com o Jardim do Éden.

144 Veja a discussão nos capítulos 20 e 21 deste livro.

se seguem impossibilitam ainda mais uma interpretação literal. É muito além do que conhecemos!

Por exemplo, doze portões com os nomes das doze tribos de Israel e a muralha de doze fundamentos com os nomes dos doze apóstolos são difíceis de entender ao pé da letra. Pelo menos os portões, pois dez das doze tribos já tinham se perdido historicamente e, de qualquer maneira, o ponto sendo feito é o cumprimento da promessa do Evangelho de salvação para judeus e gentios (Gn 12.3; Rm 1.16). Um povo com diversidade. Nada de etnocentrismo, ou seja, a construção é de pessoas redimidas mais do que de tijolos e pedras da mesma forma que esta analogia é usada em outros lugares (Ef 2.20; veja 1Co 3.10-14).

Outro exemplo: Lembra-se dos doze portões? Eles tinham cento e quarenta e quatro côvados de altura (Ap 21.17) que correspondem a quase 50 metros. São feitos cada um *de uma só pérola*. Imagine o tamanho da ostra, maior que um campo de futebol! Mas de novo, esta, em si, não é a questão. A questão se refere ao "tamanho" da preciosidade deste "lugar". E mais ainda: *jamais se fecharão de dia, pois nela não haverá noite. E lhe trarão a glória e a honra das nações* (Ap 21.25-26; veja Ap 22.5 e Is 60.11). Diversidade garantida!

O tamanho da cidade? É de doze mil estádios de comprimento, largura e altura... um cubo de 2.200 quilômetros! Isso é mais da metade dos quilômetros quadrados de todo o Brasil e com uma altura que atravessa a atmosfera para chegar ao espaço! Isso representa o tamanho do mundo conhecido na época de João e, assim, aponta para a criação toda. Mais uma vez, novo céu e nova terra são identificados com a nova Jerusalém, que é identificada com uma noiva, que é identificada com os povos redimidos, a nova humanidade. Assim, a obra de Deus desde o início agora se completa no sentido de que o pecado é tratado, o mal é eliminado e a criação toda é liberta e redimida (Rm 8.18-25)

— uma nova humanidade. Um novo céu em uma nova terra onde Deus habita no meio de seu povo!

> O formato de cubo relembra o Santo dos Santos no templo (1Rs 6.20), também coberto de *ouro* (vv. 18,21). As doze joias (vv. 19-20) recordam o peitoral do sumo sacerdote (Êx 28.15-21) que ele usava quando entrava no santuário (Êx 28.29). Tudo realça a presença de Deus na nova Jerusalém.[145]

Agora uma surpresa: não há templo, o centro inconfundível e maior representação de Jerusalém, pelo menos da velha Jerusalém. Também era o objeto de críticas pelos profetas, João Batista e Jesus, estes últimos justamente porque os seus líderes se comportavam mais como imperialistas do que servos de Deus, uma verdadeira prostituição dos valores bíblicos e do caráter de Deus. NÃO PRECISAMOS MAIS DE TEMPLO. Antes, junto com o tabernáculo, o lugar da presença especial de Deus. A partir da nova Jerusalém, a cidade/noiva/nova humanidade é o espaço e habitação especial de Deus. Dá para chorar e pular de alegria? Ainda tem mais.

Um Novo Éden também (22.1-5)!

Sim! No meio da cidade/noiva/povos está o rio da água da vida saindo do trono de Deus e do Cordeiro (Ap 21.6; veja Ez 47.1; Zc 14.8). Observe que "trono" é singular. Há um só trono agora. De quem? De Deus e do Cordeiro, ou do Deus-Cordeiro. O Rio da Água da Vida e sua Árvore da Vida nos remetem ao início da

145 Nota sobre Apocalipse 21.16-21 da Bíblia Missionária de Estudo.

revelação de Jesus para João (Ap 2.7) e ainda mais para trás, para o *início* da revelação de Deus no Jardim do Éden (Gn 2.9; veja ainda Ez 47.12). Aquele Éden, como este Éden, era o santuário de Deus.[146] Será uma "terra sem males" (Ap 22.3; veja Zc 14.11), um lugar destinado a eterna adoração e contemplação a Deus. Excelente culto! E finalmente nós, servas e servos, reinaremos para todo o sempre (Ap 22.5b; veja 5.10) em intimidade com Deus, contemplando sua beleza e cuidando da sua bela criação.

Para reflexão

- Explique como se conectam os pontos nos primeiros dois (Gn 1-2) e nos últimos dois (Ap 21-22) capítulos da Bíblia.
- Que diferença concreta faz na sua vida hoje, neste mundo, saber do futuro que Deus tem para nós?
- O que significa viver com esperança e responsabilidade?
- Jesus fala muito de "prontidão" nas suas parábolas sobre o fim. Você está pronto/a?

146 As palavras "cultivar" (*'ābad*) e "guardar" (*shāmar*) em Gênesis 2.15 são as mesmas palavras usadas para descrever o cuidado do tabernáculo e do templo pelos sacerdotes, lembrando que o templo era um microcosmo do Universo.

Epílogo

Apocalipse 22.6-21

26

Vem, Senhor Jesus!

Apocalipse 22.6-21

Então o anjo me disse:
— Estas palavras são fiéis e verdadeiras. O Senhor, o Deus dos espíritos dos profetas, enviou o seu anjo para mostrar aos seus servos as coisas que em breve devem acontecer. [Jesus:] — *Eis que venho sem demora. Bem-aventurado aquele que guarda as palavras da profecia deste livro.* — **Apocalipse 22.6-7**

Chegamos à conclusão do livro de Apocalipse, uma emocionante revelação por Jesus. Quatro afirmações dos versículos 6 e 7 enfatizam isso.

Primeiro, que as palavras do livro são *fiéis e verdadeiras*, uma frase que remete o leitor ao primeiro título do cavaleiro, Jesus, que se chama, *Fiel e Verdadeiro* (Ap 19.11; compare Ap 1.5). Assim, está afirmando que as palavras são uma revelação de Jesus (veja Ap 1.1).

Segundo, Apocalipse 22.6 afirma que estas palavras são *profecia* inspirada por Deus como havia falado também em Apocalipse 1.2-3.

Terceiro, sendo palavras proféticas fiéis e verdadeiras reveladas por Jesus, devem ser guardadas com toda a dedicação (compare Ap 1.3).

Quatro, em Apocalipse 22.6-7 a audiência é a mesma: *aos seus servos* (Ap 1.1), as "sete" igrejas que por sua vez representam as igrejas de toda a história.

Quinto, o tempo em que estas coisas acontecem é descrito de modo igual: "em breve" e "proximamente" (Ap 22.6,7,10,12,20; veja Ap 1.1). O efeito de tantos paralelos com o início do livro é inconfundível: está concluindo o livro *todo*.[147]

Finalmente, a passagem termina com um convite duplo, por parte da igreja para o noivo vir logo (Ap 22.17), e por parte de Jesus para a sua noiva receber a sua graça (Ap 22.17,21).

Palavras fiéis e verdadeiras (vv. 6, 13, 16)

Depois de concluir a visão final (Ap 21.1–22.5) da nova criação, que é uma nova Jerusalém, que é uma noiva, que somos nós os redimidos, nada menos que o novo Éden, o anjo declara que *estas palavras* — o livro todo de Apocalipse — *são fiéis e verdadeiras*. Isto é, são uma revelação do próprio Jesus, como anunciado desde o início (Ap 1.1), o Fiel e Verdadeiro (Ap 19.11), vencedor da besta, do falso profeta e dos reis da terra. Ou seja, no Novo Testamento temos os Evangelhos de Mateus, Marcos, Lucas e João, as Cartas de Paulo e de outros e agora, no final,

147 Não apenas os capítulos 6 a 22, que alguns entendem como uma "segunda" parte da revelação, e não apenas os capítulos 16 a 22, que outros entendem como a parte que trata do nosso futuro (enquanto os capítulos 2 a 15 tratam do presente das setes igrejas). Não, o contexto do livro todo é o contexto das sete igrejas (e mais) e a conclusão é de todos os capítulos, do livro todo. E da Bíblia toda!

o "Evangelho" de Jesus, uma carta profética para as igrejas de todos os tempos! Que maneira mais apropriada de concluir as Escrituras, com uma revelação de Jesus Cristo, por meio de visões, mensagens de anjos, palavras mais diretas do Cordeiro e de Deus escritas, transcritas e entregues pelo servo João[148] para todos os servos e servas de Deus (Ap 1.1; 22.6). E quem é Jesus, que fez toda essa revelação?

Este epílogo nos lembra de que ele é o Alfa e o Ômega, o Primeiro e o Último, o Princípio e o Fim, a Raiz e a Geração de Davi, a brilhante Estrela da Manhã (Ap 22.12,16) e finalmente o Senhor Jesus (Ap 22.20-21). Os primeiros três títulos formam uma sequência de sinônimos que realçam de modo crescente a sua total soberania sobre tudo (veja Jo 1.1-3; Fp 2.9-11; Cl 1.15-20), e como tal, também refletem a sua identificação com Deus, que carrega os mesmos títulos.[149] O quarto título é a autoidentidade por Jesus como o cumprimento das promessas messiânicas de Deus através da sua descendência de Davi (Is 11.1-9, Ap 5.5). O quinto é anti-imperialista, contrapondo-se à afirmação babilônica (Is 14.12-14; veja Ap 2.28)[150] e agora romana[151] de governo e posição brilhante diante das estrelas.

---

148 Identificado quatro vezes neste livro por nome: Apocalipse 1.1,4,9; 22.8, e primeiro como "seu servo João" (mas veja Ap 22.8) e depois, simplesmente como "João".

149 Para o Alfa e o Ômega, veja Ap 1.8; 21.6. Para o Primeiro e o Último, veja Is 44.6; 48.12; Ap 1.17; 2.8. E para o Princípio e o Fim, veja Ap 21.6.

150 Em Isaías, o título é dado ao rei da Babilônia, como uma sátira de oposição (Is 14.4,12). Em latim, "estrela da manhã" é traduzida como "Lúcifer", "portador de luz". Isaías aparentemente associa a queda do rei da Babilônia como a personificação do mal que *descerá ao mundo dos mortos, no mais profundo do abismo* (Is 14.15). Esta é a mesma associação que encontramos em Apocalipse entre Satanás e a besta/Babilônia/Roma. Entretanto, a vinda de uma *estrela de Jacó* é prometida profeticamente por Balaão para Balaque, o rei dos moabitas, em Números 24.17. A verdadeira Estrela da Manhã que brilha a sua luz ao ponto de dispensar a noite (Ap 22.5) e é prometida para a igreja perseverante e vencedora (Ap 2.28) é Jesus. Outras "estrelas" são meras paródias e pretensões falsas.

151 Marcial de referiu ao imperador Domiciano como Phosphorus, em grego, "estrela da manhã" em *Epigramas* 8.21.

O último título de Jesus neste epílogo é simples, mas profundo — Senhor Jesus (Ap 22.20-21), o título mais comum na Igreja Primitiva, junto com "Cristo" (tradução grega de *Messias,* do hebraico *mashiakh*). Também é um título tanto anti-imperialista quanto absoluto. *Somente* Jesus é Senhor (grego, *kyrios*), e *não* o imperador.[152] Mas "senhor" também é afirmação superlativa porque a versão grega do Antigo Testamento, a Septuaginta, traduz o nome próprio de Deus, Javé (*yhvh*) como *kyrios*. Logo, afirmar que Jesus é Senhor é a afirmação da sua identidade com Deus. Por isso, o trono de Deus (Ap 4) e o trono do Cordeiro (Ap 5) no fim convergem como o trono de Deus e do Cordeiro (Ap 22.1,3). Um só Deus Soberano.

Palavras de profecia (vv. 6,8,10,18)

Várias vezes no epílogo, as palavras deste livro de Apocalipse são chamadas de *profecia*. A profecia é um dom que se manifesta pelo Espírito Santo (1Co 12.10; Rm 12.6), o que o epílogo também atesta (veja Ap 1.3; 19.10; 22.5). Paulo elabora dizendo que a profecia tem como papel principal a edificação (1Co 14.1-5). Isso é esclarecedor e ressalta o propósito maior do livro de Apocalipse em termos de encorajar as igrejas, em face a perseguição externa e heresia interna, a *perseverar* firmes até o fim[153] diante de tribulação, que é o prato do dia a dia da igreja até o retorno de Cristo (veja Mt 24.13).

Este papel edificador da profecia, mesmo com o seu olhar também para frente, novamente nos ajuda a entender melhor a mensagem de Apocalipse. Ânimo! Firmeza! Até ao fim!

152 Veja o epíteto na coxa de Jesus (Ap 19.16) e a nossa discussão do uso do termo pelos imperadores no capítulo 5.

153 Veja o final de cada uma das cartas às sete igrejas em Apocalipse 2 e 3.

Palavras para serem guardadas (vv. 7,9,11,14)

Para expressar concretamente tal firmeza, repetidas vezes neste epílogo e ao longo do livro, a exortação-mor é *obedecer sempre*:

> *Bem-aventurado*[154] *aquele que* ***guarda*** *as palavras da profecia deste livro.* — **Apocalipse 22.7** (ênfase acrescentada)

> *Sou um servo de Deus [...] como são os que* ***guardam*** *as palavras deste livro.* — **Apocalipse 22.9** (ênfase acrescentada)

> *O justo* ***continue*** *na prática da justiça, e o santo* ***continue*** *a santificar-se.* — **Apocalipse 22.11** (ênfase acrescentada)

> *Bem-aventurados aqueles que* ***lavam*** *as suas vestes...* — **Apocalipse 22.14** (ênfase acrescentada)

---

154 Esta é a sexta de sete bem-aventuranças no livro de Apocalipse, que por serem sete emanam significância. As setes são:

1. *Bem-aventurado aquele que lê, e bem-aventurados aqueles que ouvem as palavras da profecia e guardam as coisas nela escritas, pois o tempo está próximo.* (Ap 1.3)
2. *Bem-aventurados os mortos que, desde agora, morrem no Senhor.* (Ap 14.13)
3. *Bem-aventurado aquele que vigia e guarda as suas vestes, para que não ande nu, e não se veja a sua vergonha.* (Ap 16.15)
4. *Bem-aventurados aqueles que são chamados à ceia das bodas do Cordeiro.* (Ap 19.9)
5. *Bem-aventurado e santo é aquele que tem parte na primeira ressurreição.* (Ap 20.6)
6. *Bem-aventurado aquele que guarda as palavras da profecia deste livro.* (Ap 22.7)
7. *Bem-aventurados aqueles que lavam as suas vestes, para que tenham direito à árvore da vida e entrem na cidade pelos portões.* (Ap 22.14)

A primeira e a sexta tratam da resposta apropriada para a leitura do livro, isto é, guardar as suas palavras. A segunda e a quinta falam do galardão eterno antes da ressurreição geral, ambas com uma referência temporal ("desde agora" em Ap 14.13 e os mil anos em Ap 20.1-7). A terceira e a sétima falam de viver uma vida de boa conduta. E a quarta, bem no centro das demais, destaca o convite para as bodas do Cordeiro. Isso dá uma fascinante reflexão bíblica!

Produzir *fruto* (Gl 5.22-26). Fazer o *bem* (Ap 22.11; veja Rm 12.9-21; Gl 6.). Praticar amor concreto e manifesto por *obras* (Ap 2.5,19; 3.1-2,8,15; 14.13; 22.12; veja Ef 2.9-10).

Palavras destinadas às igrejas de lá e de cá (vv. 6,7,9,10,16)

Reconhecendo a unidade afirmada desde o início de Apocalipse, *revelação* no singular (Ap 1.1), não separamos o livro em duas partes, capítulos 2 e 3 acerca das igrejas históricas do Oeste da Turquia e o restante do livro acerca do futuro. O livro inteiro se dirige a *estas* igrejas. Entretanto, por serem justamente "sete", inclusive sem incluir outras três que conhecemos da mesma região e época, entende-se as sete como simbólicas da totalidade de igrejas. Logo se dirige *também* a nós, mas *não exclui as sete mencionadas*. É importante reparar que a palavra usada para descrever o povo de Deus é *"servos"* (Ap 22.6, 9). Somos *servos* e servas de Deus, uns dos outros nas igrejas, e até mesmo do mundo com o lema do mandado real gravado nos nossos corações.

Ah, e diferente de outros livros apocalípticos, este livro *não deve ser selado* (Ap 22.10). É para as igrejas ouvirem e entenderem. Esforçamo-nos, então, para ouvir, entender e guardar.

Palavras sobre acontecimentos próximos (vv. 6,7,10,12,20)

Esta é a parte difícil de entender para os estudiosos: o significado de "breve" e de "próximo". A tendência forte por causa da passagem de dois mil anos, é evitar uma referência a um *tempo* curto. Dizem alguns que as palavras normalmente traduzidas como "breve" (*taxys*) e como "próximo" (*engys*) podem carregar a ideia de "de repente", "em construção", mais repentinamente que proximamente. Mas não tem como isentar a conotação básica de proximidade temporal. E não resolve o aparente dilema dizendo que *João* imaginava que "as coisas que em breve acontecerão" eram na *sua perspectiva* próximas. Por que não? Porque as afirmações de brevidade não são de João, são do próprio Jesus (Ap 22.7,12,20; veja 1.1,3; 3.11) ou de um anjo (Ap 22.12). Assim, somos obrigados a entender que, de alguma maneira, essas coisas estavam se manifestando *a partir do tempo daquelas igrejas*, e *dentro de toda a história subsequente*. De fato, Jesus "vem" e se manifesta através de toda a história da igreja, derrotando do mal. Mas esta observação também não pode esgotar a repetida referência ao retorno futuro de Jesus, não só em Apocalipse, mas também em todo o Novo Testamento. Esse retorno final e definitivo, depois da derrota final e definitiva do mal, ainda está porvir e devemos aguardá-lo vigilantes como uma vinda em *qualquer momento*, certamente quando *menos* esperarmos. Resumindo: Jesus veio, Jesus vem constantemente e Jesus virá outra vez!

Palavras de convite e de graça (vv. 17,21)

Apocalipse termina com convite. Convite mútuo e dialógico de duas partes apaixonadas. Noivo e noiva que não veem a hora de estar juntos:

> [Igreja] *O Espírito e a noiva dizem: "Vem!" e*
> [Jesus] *Aquele que ouve, diga: "Vem!"* —
> **Apocalipse 22.17**
> [Jesus] *"Certamente venho sem demora." e*
> [Igreja] *Amém! Vem, Senhor Jesus!*[155] —
> **Apocalipse 22.20**

155 "Vem, Senhor Jesus" (grego, *erchou kyrie Iēsou*) é a tradução grega do aramaico, *Marana tha* de 1 Coríntios 16.22. Isso, junto com a saudação final, *a graça do Senhor Jesus esteja com todos* (veja Ap 1.4), são fortes indícios de que João conheceu pelo menos alguns escritos de Paulo. Veja a saudação final das primeiras (1Ts 5.28; 2Ts 3.18) e últimas cartas que Paulo escreveu (1Tm 6.21; 2Tm 4.22).

Mas o noivo, Jesus, acrescenta: *Aquele que tem sede venha, e quem quiser receba de graça a água da vida.* Um convite para saciar a sede pelo encontro mais presencial e pessoal (veja Is 55.1; Jo 7.37). Um convite para receber de graça a água da vida, um retorno para o Éden, onde tudo começou (Gn 2.9; veja Ap 22.1) *antes de a humanidade desobedecer a ordem de não comer da Árvore do conhecimento do bem e do mal* (Gn 3.6), *e antes de negar a ordem de dominar as criaturas, inclusive as serpentes* (Gn 1.26). O verdadeiro "paraíso" e a verdadeira "liberdade" estão na obediência fiel a Deus e na ordem que ele nos deu de cuidar da sua criação.

Assim, *a graça do Senhor Jesus* estará com todos e todas (Ap 22.21).

Para reflexão

Estamos em uma luta constante contra o mal. Jesus é o Vencedor. Explique o que significa para você a exortação de Apocalipse: Ânimo! Coragem! Firmeza! Perseverança! Obediência! Esperança! Até ao fim!

Enquanto esperamos... Reflexão e ação

Parabéns, perseverantes leitores e leitoras! Nossa caminhada não foi fácil. Vimos muita coisa. Imagens bizarras e assustadoras. Símbolos deslumbrantes. Mistérios. Batalhas. Visões. Certezas.

Acompanhamos as visões do profeta João e com ele subimos por uma "porta aberta no céu". Ficamos diante do Trono do nosso Criador Soberano e cantamos com o coro celestial:

> *Santo, Santo, Santo é o Senhor Deus, o Todo-Poderoso, Aquele que era, que é e que há de vir* — **Apocalipse 4.8**

Sabe de uma coisa? A retumbante revelação de Jesus no livro de Apocalipse vai ajudar você a entender com mais profundidade o restante da Bíblia. Quer ver?

> *Jesus, porém, tendo oferecido, para sempre, um único sacrifício pelos pecados, assentou-se à direita de Deus...* — **Hebreus 10.12**

> *...Jesus Cristo, a Fiel Testemunha, o Primogênito dos mortos e o Soberano dos reis da terra. Àquele que nos ama e, pelo seu sangue, nos libertou dos nossos pecados, e nos constituiu reino, sacerdotes para o seu Deus e Pai, a ele a glória e o domínio para todo o sempre. Amém! Eis que ele vem com as nuvens, e todo olho o verá...* — **Apocalipse 1.5-7**

Esse é o Jesus que fez a revelação que acabamos de contemplar em Apocalipse. Pense mais nele. A face gloriosa e vitoriosa de Jesus Cristo crucificado, ressurreto, glorificado, cósmico. Sentado à direita de Deus na glória celestial. Ao lado do trono de Deus. Soberano. Vitorioso. Derrotando o mal em uma batalha cósmica entre Deus e Satanás. Solidário, presente com seu povo na terra que sofre e luta. Está no meio de nós. Às vezes oculto. Escondido. Misterioso.

O Reino chegou com Jesus. Já está agindo em nós e no nosso meio. No ministério e nos ensinos de Jesus nos Evangelhos conhecemos os sinais e as marcas do Reino. Mas o Reino ainda não veio na sua plenitude, ainda há joio misturado (e atrapalhando) ao trigo até hoje.

> *— O Reino de Deus não vem com visível aparência. [...] Porque o Reino de Deus está entre vocês. [...] E dirão a vocês: "Ele está aqui!" Ou: "Lá está ele!" Não saiam nem sigam essa gente. Porque assim como o relâmpago, que resplandece e brilha de uma extremidade do céu até a outra, assim será, no seu dia, o Filho do Homem.* — **Lucas 17.20-24**

> *Alguns falavam a respeito do templo, como estava ornado de belas pedras e de dádivas. Então Jesus disse: — Vocês estão vendo estas coisas? Virão dias em que não ficará pedra sobre pedra que não seja derrubada. Perguntaram a Jesus: — Mestre, quando será isto? E que sinal haverá quando estas coisas estiverem para acontecer? Jesus respondeu: — Tenham cuidado para não serem enganados. [...] o fim não será logo. [...] É pela perseverança que vocês ganharão a sua alma.* — **Lucas 21.5-9,19**

Enquanto esperamos aquela criança que nasceu pobre em Belém, virou logo refugiado no Egito, foi carpinteiro na periférica Galileia, foi humilhado e macerado no Calvário, ressuscitou ao terceiro dia, foi glorificado, subiu ao céu e sentou-se ao lado do Trono de Deus, no tempo determinado por Deus, ... *verão o Filho do Homem vindo numa nuvem, com poder e grande glória.* [...] porque *a redenção de vocês se aproxima* (Lc 21.27-28). Nossa confiança está naquele que vem!

Na espera, em Lucas 17 Jesus adverte contra especuladores sedutores com ganância por poder. Logo depois, chegando a Jerusalém, ele chora em uma lamentação sobre a cidade, prevendo sua destruição: — *Ah! Se você soubesse, ainda hoje, o que é preciso para conseguir a paz!* [...] *Não deixarão pedra sobre pedra, porque você não reconheceu o tempo em que Deus veio visitá-la* (Lc 19.41-44; 21.20-24). Apocalipse é uma extensão da lamentação e profecia de Jesus sobre Jerusalém. Uma lamentação sobre quem recusa, não quer abraçar o Príncipe da Paz. Uma lamentação pela oportunidade perdida. A seguir vem a expulsão dos vendedores no templo. Veja: os "verdadeiros e justos juízos" (Ap 19.2) e punições de Deus em Apocalipse são apelos ao arrependimento antes que seja tarde demais. Esgotado o tempo, destruirão todo o mal.

No seu sermão profético em Marcos 13, Lucas 21 e Mateus 24, Jesus avisou que na luta contra o mal na terra haverá angústia, aflição, perseguição, sedução, guerras, divisões, catástrofes ambientais e crises climáticas e cósmicas. Estamos vivendo isso. Em meio a dificuldades desoladoras, caminhamos para um mistério e uma promessa de vida e comunhão eternas. Ora, nessas circunstâncias, como podemos ser um "reino" de "sacerdotes" (Ap 1.6; cf. Êx 19.6; 1Pe 2.9)?

A partir da visão *daquele que era, que é e que há de vir,* miramos a luta, a tribulação, o sofrimento que aquelas sete igrejas no Oeste da Turquia estavam passando na guerra santa contra o mal. Uma estarrecedora luta na terra e no céu. No mundo de hoje também. Mas os Evangelhos e Apocalipse mostram com todas as letras que Cristo voltará para "julgar os vivos e os mortos", punir e destruir definitivamente o mal e todos os que recusam a graça de Deus e não querem se arrepender. O espelho que ilumina nossa caminhada é a visão do céu "descendo" até este mundo para estabelecer seu Reino no novo céu na nova terra (Ap 21.1-8). Quando será???

> — *Mas a respeito daquele dia ou da hora ninguém sabe, nem os anjos no céu, nem o Filho, senão o Pai.*
> **— Marcos 13.32**

Não adianta adivinhar ou marcar datas. Ninguém sabe quando e como será "o fim do mundo" corrompido, o fim da História da humanidade corrompida, a volta de Cristo. Ninguém sabe quando Cristo vai voltar e se manifestar para o julgamento final, que resultará em punição e galardão (Lc 17.26-37; Mt 25.31-46). Tudo especulação, pois "o fim do mundo" — ou dos tempos — é relativo (Sl 90.4). Estamos vivendo no fim do mundo? Sim, desde a ascensão de Cristo!!

E agora? Se o Reino de Jesus é do céu onde Cristo glorificado está, o que vivemos e fazemos nesta terra? Como ser um "reino" de "sacerdotes" aqui? Jesus nos deu um modelo a ser implantado nesta nossa terra e nos enviou ao mundo em missão (Jo 18). Como seguidores e seguidoras do Cordeiro, serviremos ao nosso Rei e trabalharemos para implantar já neste mundo sinais e práticas do Reino de Deus que se consumará e será estabelecido na sua plenitude quando Cristo voltar. Trabalhemos para que o mundo comece a ser diferente.

Como? O que fazer enquanto esse dia não chega? Encontramos *sete* dicas em Apocalipse:

1. ESPERAR, PERSEVERAR FIRME e SER FIEL, venha o que vier, até a morte com confiança naquele que é Soberano, Presente e Vitorioso. Mas não é uma espera passiva para ficarmos parados. É ativa, participativa, previdente (Mt 25.4), com prontidão e responsabilidade nas mínimas coisas que Deus nos entrega (Lc 19.17). Com realismo esperançoso.
2. ADORAR E LOUVAR SEMPRE AQUELE QUE ESTÁ SENTADO NO TRONO E O CORDEIRO, que é digno de receber todo louvor, honra, glória e poder com cânticos alegres (Ap 4.11). Diante da certeza da vinda do Senhor para julgar nossa terra com justiça, o salmista convida a cantar um "cântico novo", proclamar a salvação, anunciar "entre as nações a sua glória", adorar o Senhor que reina na "beleza da sua santidade" (Sl 96).
3. CUIDAR-SE para não ser enganada ou enganado, seduzida ou seduzido por falsos mestres, valores, promessas, doutrinas ou ideologias. E para não cair em um estilo de vida egocêntrica, comodista, raivosa, vingativa, insensível ou indiferente às pessoas.
4. ANDAR COM AMOR e PRATICAR ATOS DE JUSTIÇA (Ap 19.8). Amar Deus em primeiro lugar, as pessoas e a criação de Deus. Viver a vida cristã dignamente com perseverança, humildade, autenticidade e coerência (Ef 4.1-6; 5.1-2). Praticar o que crê.

5. ARREPENDER-SE. Jesus iniciou seu ministério com um convite: — *O tempo está cumprido e o Reino de Deus está próximo; arrependam-se e creiam no evangelho* (Mc 1.14). Toda a pregação de Jesus, de João Batista e dos profetas no Antigo Testamento foi um convite e um apelo ao arrependimento. Apocalipse também. Esse convite começa nas cartas às sete igrejas (Ap 2.5,15,21; 3.3). Repare bem: *Eu repreendo e disciplino aqueles que amo. Portanto, seja zeloso e arrependa-se* (Ap 3.19; Pv 3.12). Arrependimento é uma disciplina cristã que devemos praticar diariamente. Somos pecadores e pecadoras em restauração. É um processo. Uma reconstrução. Temos falhas e cegueiras. Arrependimento leva a conversão contínua de pecadoras e pecadores humilhados e arrependidos. É também a porta de entrada ao Reino para pessoas perdidas que ainda não são seguem Jesus.
6. ANUNCIAR O CONVITE DA GRAÇA, isto é, EVANGELIZAR, TESTEMUNHAR com seu exemplo de vida e com palavras. Jesus veio para salvar pessoas "doentes", para chamar pecadores ao arrependimento (Lc 5.32) e deixou a continuidade de sua missão a nós (At 1.8). Está esperando o quê? Agora é com você, caro leitor, cara leitora.
7. VIGIAR e ORAR com plena atenção. Com foco. Com fé. Sem distrações. Sem medo.

   "Venha o Teu Reino" ... a começar em mim hoje.

   "Livra-nos de todos os males" ... de dentro e de fora.

   "Vem, Senhor Jesus!" Eu te adoro. Eu te amo. Eu te espero, meu Senhor!

Apêndices

Do cansaço à esperança em um mundo babilônico

Uma visão ampla e uma caminhada perseverante pelos temas e desafios missionais de Apocalipse e de todas as Escrituras

A convicção convincente nos impulsiona a atravessar o sacrifício doloroso. Se nossa motivação na fé e no ministério vem de experiências emotivas ou versículos bíblicos isolados, as fontes dessa motivação podem secar diante de desafios custosos. A vida não é fácil para ninguém. A fé e o ministério perseverante exigem convicção completa, que é gerada pelo estudo cuidadoso e orante da Palavra de Deus. Nossa convicção se torna mais rica e forte quando fundamentada na missão cósmica de Deus, de Gênesis a Apocalipse. É por isso que escrevemos este livro c toda a Série Mergulho Missional. O próximo volume será Gênesis e Êxodo. Continue lendo e você vai entender por quê.

A Bíblia articula a intenção do nosso comandante pintando um quadro da nossa "missão cumprida" em Apocalipse 21 e 22. Nos capítulos finais de Apocalipse, o novo céu e a nova terra (Ap 21.1) são justapostos a uma longa descrição da nova Jerusalém

(Ap 21.1–22.5). Por que João menciona apenas brevemente "um novo céu e uma nova terra" antes de descrever extensivamente a nova Jerusalém? Provavelmente João olha para o mesmo quadro de dois ângulos diferentes para que as imagens resultantes interpretem uma à outra. Essas imagens justapostas frequentemente interpretam uma à outra em Apocalipse (por exemplo, Ap 5.5-6,7-13; 21.1-3). O novo céu e a nova terra nos lembram do escopo expansivo da nova criação, enquanto a nova Jerusalém destaca seu propósito como uma morada para Deus. Dessa forma, Apocalipse 21 retrata todo o cosmos e a nova criação como a morada de Deus.

> *E vi novo céu e nova terra, pois o primeiro céu e a primeira terra passaram, e o mar já não existe. Vi também a cidade santa, a nova Jerusalém, que descia do céu, da parte de Deus, preparada como uma noiva enfeitada para o seu noivo. Então ouvi uma voz forte que vinha do trono e dizia:*
> *— Eis o tabernáculo de Deus com os seres humanos. Deus habitará com eles. Eles serão povos de Deus, e Deus mesmo estará com eles e será o Deus deles. E lhes enxugará dos olhos toda lágrima. E já não existirá mais morte, já não haverá luto, nem pranto, nem dor, porque as primeiras coisas passaram.*
> *E aquele que estava sentado no trono disse:*
> *— Eis que faço novas todas as coisas.*
> *E acrescentou:*
> *— Escreva, porque estas palavras são fiéis e verdadeiras.*
> **— Apocalipse 21.1-5**

Esta imagem em Apocalipse 21 e 22 cumpre a missão dada em Gênesis 1 e 2, e o progresso desta missão pode ser rastreado por toda a Bíblia. Em Gênesis 1 e 2, o Éden é a morada de Deus, e Deus comissiona Adão e Eva para expandir os limites dessa morada a fim de encher a terra (Gn 1.28). Enquanto o chamado original de Deus pareceu ser frustrado pelo pecado em Gênesis 3, Deus continua a estabelecer sua morada entre os patriarcas e matriarcas até a construção do tabernáculo e do templo. Após a destruição do templo de Salomão, os profetas antecipam a vinda de um novo e crescente templo, e essas profecias começam a ser cumpridas em Jesus e na igreja. A igreja como morada de Deus deve se expandir até que um dia alcance todas as nações e povos e preencha todo o céu e a terra. Assim, todo o Universo se torna a morada de Deus. A missão não começa com a Grande Comissão de Mateus 28.18-20, mas a missão é a pulsação de Deus desde Gênesis 1 até que o novo céu e a nova terra se tornem a morada do Senhor Deus Todo-Poderoso em Apocalipse 21 e 22. Esta imagem final de toda a terra preenchida com a presença de Deus cumpre a intenção original de Deus do santuário do Éden. Escolhemos, portanto, o Jardim do Éden em Gênesis como ponto de partida e descobrimos a nova criação e a nova humanidade em Apocalipse 21.

Três grandes temas bíblicos em Apocalipse

1. **A tribulação:** Como responderemos à tribulação, ao cansaço, à provação física, emocional, mental, econômica, matrimonial, profissional, ministerial, espiritual? Como responderemos? Perseverança ou entrega? Nós nos cansaremos ao ponto de entregar os pontos ou permaneceremos firmes, mesmo no cansaço? Qual é a tribulação principal em Apocalipse? *A adoção dos valores do império ao invés dos valores de Deus e do Cordeiro*. O Império Romano é uma nova Babilônia em Apocalipse e a sua caracterização principal é a luxúria (Ap 18).

a) A tribulação é a *norma* da vida cristã e da igreja. As sete cartas terminam com uma exortação ao "vencedor"; alusão à necessidade de perseverar em meio à tribulação.
b) A tribulação *purifica* os santos e as santas. Os perseguidos são vistos como limpos diante de Deus (Ap 6.11).
c) A tribulação leva à oração, que, em Apocalipse 8.3-5, balança o mundo.
d) A tribulação é um mistério inexplicável. João teve que "selar" e não escrever, como para nos dizer que mesmo este livro não deve revelar tudo (Ap 10.4,9).
e) A tribulação resulta de uma atitude arrogante, difamadora e sedutora para a adoração do maligno (Ap 12; 13.7-10).
f) A tribulação é custosa, podendo levar ao martírio (Ap 16.4-7). O sacrifício é digno.

Conclusão:

Ao vencedor, darei o direito de se alimentar da árvore da vida, que se encontra no paraíso de Deus. **— Apocalipse 2.7**

Aquele, porém, que ficar firme até o fim, esse será salvo. — **Mateus 24.13**

2. **O julgamento:** Resultado de uma decisão/escolha equivocada entre a Babilônia e a nova Jerusalém, entre um mundo de valores bem presentes que nos cercam de todos os lados — consequência da rebeldia, egoísmo, arrogância e rejeição a Deus — ou um mundo de valores que é mais como um grão de mostarda, pequena, nascente, frágil, ainda em desenvolvimento. Contexto histórico: Jerusalém/Templo corrupto era a Grande Prostituta de Apocalipse 17

e 19. O "império" havia corrompido a liderança de Israel (veja as críticas de João Batista, Jesus virando as mesas no templo, e a Comunidade de Qumrã).

a) Um Deus justo exige justiça pessoal (moralidade) e social. O contrário será eliminado no fim. A perspectiva de julgamento convida, apelo ao *arrependimento* de 5 das "7" (todas as) igrejas

   i. Do cansaço de amar e agir (Éfeso em Ap 2.4-5)
   Tenho, porém, contra você o seguinte: você abandonou o seu primeiro amor. Lembre-se, pois, de onde você caiu. Arrependa-se e volte à prática das primeiras obras. Se você não se arrepender, virei até você e tirarei o seu candelabro do lugar dele.

   ii. Do cansaço da sã doutrina (Pérgamo em Ap 2.14-16)
   Tenho, porém, contra você algumas coisas: estão aí em seu meio os que sustentam a doutrina de Balaão, o qual ensinava Balaque a armar ciladas diante dos filhos de Israel para que comessem coisas sacrificadas aos ídolos e praticassem a prostituição. Além disso, estão também aí em seu meio os que seguem a doutrina dos nicolaítas.
   Portanto, arrependa-se! Se não, irei até aí sem demora e lutarei contra eles com a espada da minha boca.

   iii. Da tolerância da imoralidade (Tiatira em Ap 2.20,24-25)
   Tenho, porém, contra você o fato de você tolerar que essa mulher, Jezabel, que se declara profetisa, não somente ensine, mas ainda seduza os meus servos a praticar a prostituição e a comer coisas sacrificadas aos ídolos. [...] *Digo, porém, aos demais de Tiatira, a todos aqueles que não seguem essa doutrina e que não conheceram, como eles dizem, as coisas*

profundas de Satanás: Não porei outra carga sobre vocês; tão somente conservem o que vocês têm, até que eu venha.

iv. Da morte espiritual (Sardes em Ap 3.1b-3)
Conheço as obras que você realiza, que você tem fama de estar vivo, mas está morto. Fique vigiando e fortaleça o restante que estava para morrer, porque verifiquei que as obras que você realiza não são íntegras na presença do meu Deus. Lembre-se, pois, do que você recebeu e ouviu; guarde-o e arrependa-se. Se você não vigiar, virei como ladrão, e você de modo nenhum saberá em que hora virei contra você.

v. Do descomprometimento e comodismo (Laodiceia em Ap 3.15-16, 19)
Conheço as obras que você realiza, que você não é nem frio nem quente. Quem dera você fosse frio ou quente! Assim, porque você é morno, e não é nem quente nem frio, estou a ponto de vomitá-lo da minha boca. [...] *Eu repreendo e disciplino aqueles que amo. Portanto, seja zeloso e arrependa-se.*

b) O julgamento é aterrorizante e abrangente (Ap 6.12-17)
c) O julgamento é devastador (Ap 9.15)
d) O julgamento é sem demora (Ap 10.6). O arrependimento tem data de validade.
e) O julgamento é definitivo, pois faltou arrependimento (Ap 16.17-20)
f) O julgamento é segundo as obras (Ap 20.9-15)

Conclusão: A necessidade da perseverança e fidelidade

Vi um grande trono branco e aquele que está sentado nele. A terra e o céu fugiram da presença dele, e não se achou lugar para eles. Vi também os mortos, os grandes e os pequenos, que estavam em pé diante do trono. Então foram abertos livros. Ainda outro livro, o Livro da Vida, foi aberto. E os mortos foram julgados, segundo as suas obras, conforme o que estava escrito nos livros. O mar entregou os mortos que nele estavam. A morte e o inferno entregaram os mortos que neles havia. E foram julgados, um por um, segundo as suas obras. — **Apocalipse 20.11-13**

O vencedor de modo nenhum sofrerá o dano da segunda morte. — **Apocalipse 2.11b**

Aquele, porém, que ficar firme até o fim, esse será salvo. — **Mateus 24.13**

3. A esperança e o triunfo
   a) O triunfo é de **Jesus**, o **testemunho fiel** de perseverança e nossa esperança. Há sete visões de Jesus vitorioso:
      i. O ressurreto, vivo, no meio da sua igreja, e, dentro da nossa história (Ap 1.9-20)
      ii. O Cordeiro de Deus (Ap 5–7; 14.1-5)
      iii. O Ungido real e vitorioso de Deus (Ap 11.15; 12.10)
      iv. O homem-criança, nascido da mulher vestida de sol e que o dragão tenta devorar (Ap 12.1-6)
      v. O "Filho de Homem", agente da ira e juízo final de Deus (Ap 14.14-16)
      vi. O Guerreiro no cavalo branco à frente dos exércitos celestiais para julgar e guerrear contra os inimigos (Ap 19.11-16)
      vii. O esposo adornado e perfeito da igreja, sua noiva (Ap 21.1-9).

b) O triunfo será para a igreja perseverante (Ap 2.7,11, 17,26-28; 3.5,12,21)
c) O triunfo será para o Cordeiro (Ap 7.9-17)
d) O triunfo será universal (Ap 11.15-19)
e) O triunfo não demorará (Ap 10.6-7)
f) O triunfo será pela santidade (Ap 15.2-4)
g) O triunfo será jubiloso (Ap 19.1-10)
h) O triunfo será transformador (Ap 21.1-22.5)

Conclusão: A necessidade da perseverança

> *Ao vencedor, que guardar até o fim as minhas obras, eu lhe darei autoridade sobre as nações, e com cetro de ferro as governará e as reduzirá a pedaços como se fossem objetos de barro, assim como também eu recebi autoridade de meu Pai. E eu lhe darei ainda a estrela da manhã. Quem tem ouvidos, ouça o que o Espírito diz às igrejas.* — **Apocalipse 2.26-29**

Lições de Apocalipse

1. **A fé autêntica se caracteriza profundamente pelo conflito e pela luta**
   A morte é uma fase na luta cósmica, não o fim (isso lembra o filme *O Senhor dos Anéis)*.
2. **O exemplo supremo é Jesus=Cordeiro**
   Ele é o modelo por excelência para entender e lidar com a fraqueza, as tentações, as ofensas, o sofrimento e a morte. Tais experiências são parte inevitável deste mundo e desta vida. Mas o livro de *Apocalipse* não advoga uma aceitação passiva e fatalista dessas desventuras. A mensagem de Apocalipse é que as desventuras sofridas em uma vida comprometida com a causa de Deus **não** ocorrem em vão.

3. A vitória final é transformacional

O vencedor será assim vestido de branco, e de modo nenhum apagarei o seu nome do Livro da Vida. Pelo contrário, confessarei o seu nome diante de meu Pai e diante dos seus anjos. — **Apocalipse 3.5**

E todos nós, com o rosto descoberto, contemplando a glória do Senhor, somos transformados, de glória em glória, na sua própria imagem, como pelo Senhor, que é o Espírito. — **2 Coríntios 3.18**

Assim que, nós, daqui por diante, a ninguém conhecemos segundo a carne; e, se antes conhecemos Cristo segundo a carne, já agora não o conhecemos deste modo. E, assim, se alguém está em Cristo, é nova criatura; as coisas antigas já passaram; eis que se fizeram novas. — **2 Coríntios 5.16-17**

Entendendo Israel e Jerusalém na Bíblia hoje

Povo escolhido, povo abençoado. Povos benditos. Tudo começa com o chamado e a promessa feita a Abraão e Sara: ... *vá para a terra que lhe mostrarei. Farei de você uma grande nação, e o abençoarei* [...] *Seja uma bênção!* [...] *Em você serão benditas todas as famílias da terra* (Gn 12.1-3). Deus prometeu uma terra (localidade), uma descendência (etnia) e uma nação (nacionalidade). Porém, o povo escolhido e abençoado tem uma responsabilidade social e uma vocação missional: ser um instrumento de bênção, de paz e de bem-estar. Com esse povo Deus fez uma aliança, um contrato, um casamento, uma relação íntima de obediência, fidelidade e compromisso entre duas partes.

Foi difícil para Abraão e Sara esperarem e confiarem na promessa de um descendente. Sara deu a Abraão sua *serva egípcia* Agar, que foi "usada" e depois humilhada. Ela fugiu. Deus apareceu a ela no deserto e deu uma bênção ao seu filho, que afirmou depois para Abraão (Gn 16.2-12; 17.19-20). Quando Isaque nasceu, Agar e Ismael foram expulsos. Novamente Deus mostrou seu compromisso com o rapaz e seu Anjo repetiu a mesma promessa que havia feito a Abraão sobre Isaque: de seu filho sairia um povo e muitas nações (Gn 21.8-20; 25.12-18).[156] Nos mistérios do soberano plano salvador de Deus de abençoar todos os povos, Isaque e seu filho Jacó entram na linhagem da qual Jesus nasceu. Mas Ismael e Esaú, o irmão de Jacó, também recebem bênçãos e se tornam nações. Lembramos também que Raabe, a prostituta canaanita, que salvou os espiões israelitas no livro de Josué, e Rute, a moabita, que acompanhou sua sogra Noemi para viver em Israel, estão na genealogia de Jesus (Mt 1.1-16). Deus escolheu e formou um povo para abranger, abençoar, respeitar e incluir muitos povos.

Através de seu neto Jacó, Abraão e Sara tiveram doze bisnetos. Em uma luta/encontro transformador que Jacó teve com Deus, seu nome foi mudado para Israel e as promessas reafirmadas (Gn 32.28; 35.9-12). Os doze filhos de Israel e suas famílias se tornaram as doze tribos de Israel. Foram como refugiados ao Egito, multiplicaram-se e foram escravizados. Deus mandou Moisés falar a Faraó: *Israel é meu filho, meu primogênito.* [...] *deixe ir meu filho, para que me adore* (Êx 4.22-23).

Após a libertação da opressão no Egito, a aliança com a vocação de ser *um reino de sacerdotes e nação santa* se formalizou no Monte Sinai (Êx 19.5-7; 1Pe 2.9). Mesmo peregrinando no deserto, Israel se desenvolveu como nação através das suas diversas instituições (o sistema de sacrifício e a lei que visava fidelidade diante de Deus e respeito ao próximo/a, incluindo estrangeiros). A lei e o tabernáculo/templo serviriam para demarcar Israel como um povo peculiar entre os outros povos com uma vocação missional. Sua fé e culto seria um convite para esses povos adorarem o Deus de Israel.

156 Veja GEORGE, Sherron. "Agar, a escrava ouvida", cap. 2 em *De Sara a Maria: Mulheres na Bíblia.* (São Leopoldo/RS: Editora Sinodal, 2024) e SCHWANTES, Milton. *Deus Vê! Deus Ouve! Gênesis 12-25.* (São Leopoldo/RS: Oikos, 2012).

Povo privilegiado. Povo missional. Moisés exortou à obediência e fidelidade.

> *Perguntem* [...] *se já houve um deus que tentou ir tomar para si um povo do meio de outro povo, com provas, com sinais, com milagres, com lutas, com mão poderosa, com braço estendido e com feitos espantosos, segundo tudo o que o Senhor, seu Deus, fez por vocês no Egito* [...] *Isso foi mostrado a vocês para que soubessem que o Senhor é Deus; nenhum outro há, além dele* (Dt 4.32-35; veja Dt 6.1-9).

Um tema central no livro de Deuteronômio são as bênçãos decorrentes da obediência e as punições resultantes da desobediência e infidelidade (Dt 7.12-26; 28.1-68; Lv 26.3-46).

A terra prometida. Desde tempos antigos, por causa de sua localização geográfica estratégica, a Palestina, um pequeno e estreito pedaço de terra, era cobiçada e disputada. Em um momento de fragilidade, sob a liderança de Josué, os israelitas — apenas uma liga tribal — tomaram a terra de Canaã com a orientação e força de Deus e as tribos receberam sua herança. Mais tarde Josué fez o povo posicionar-se e renovar a aliança (Js 24.14-23).

Ao longo de sua história, Israel seguiu uma trajetória de altos e baixos, longe de ser um povo "peculiar". Experimentava mais juízo do que bênção. Queria ser como as demais nações e, por isso, pediu um rei. Saul fracassou e Deus escolheu Davi. Ele ampliou e consoli dou a monarquia e fez de todo o solo palestino Israel e Jerusalém, sua capital. Um povo chamado para viver sob o reinado de Deus.

Na renovação da aliança com Davi, Deus prometeu: ... *farei surgir depois de você o seu descendente, que procederá de você, e estabelecerei o seu reino.* [...] *e eu estabelecerei para sempre o trono do seu reino* (2Sm 7.12-13). Este filho de Davi seria o rei "ungido", o Messias, o Cristo.

Após a morte de Salomão, o reino se dividiu. Israel, composto por dez tribos ao Norte, deixaria de existir após a invasão assíria. Judá e a pequena tribo de Benjamim dariam continuidade à dinastia de Davi e do Messias prometido.

Os israelitas foram chamados pelos profetas a deixar a idolatria, infidelidade e hipocrisia e a obedecer a um só Deus, promover paz e justiça nas dimensões sociais e pessoais da fé. Sempre esperando o Messias. Quando Israel falhava, estava repudiando sua própria eleição e vocação (Is 1.2,4; Jr 18.1-12; Os 6.7; 8.1). Havia avisos sobre julgamento e apelos à conversão. Durante e depois do Exílio Babilônico, continuaram até o fracasso final da nação em renovar seu relacionamento de aliança com Deus, o que culminou com o fim do Estado independente de Israel. A maioria das tribos já não existiam mais. Viveram sob vários governantes estrangeiros e poucos anos de independência até chegar o Império Romano em 63 a.C.

Na plenitude do tempo de Deus, Jesus, o Messias prometido, nasceu no meio do povo de Israel. Sua encarnação é algo totalmente novo na história de Israel. Jesus inaugurou um novo tempo, mas o fez a partir da raiz de Israel, descendente de Davi, da tribo de Judá. Os primeiros discípulos eram todos judeus. Jesus frequentava a sinagoga e o Templo. Criticava a hipocrisia e dureza de coração dos líderes. Expulsou os vendilhões que fizeram do Templo um "covil de ladrões" (Mt 21.12-17; Mc 11.15-19; Lc 19.45-48). Reinterpretava a Lei visando o bem do ser humano. Quando contestaram uma cura no sábado, ele ficou *indignado e entristecido com a dureza de coração daquelas pessoas* (Mc 3.5). Curou o criado de um centurião romano e disse: ... *nem mesmo em Israel encontrei fé como esta. Digo a vocês que muitos virão do*

Oriente e do Ocidente e tomarão lugar à mesa com Abraão, Isaque e Jacó no Reino dos Céus (Mt 8.10-11). Ultrapassou a tradição.

Chegando a Jerusalém, centro religioso de Israel, Jesus chorou e disse: — *Ah! Se você soubesse, ainda hoje, o que é preciso para conseguir a paz! Mas isto está agora oculto aos seus olhos.* E profetizou: *Não deixarão pedra sobre pedra, porque você não reconheceu o tempo em que Deus veio visitá-la* (Lc 19.41-44). Não quiseram. Rejeitaram o Messias manso e humilde. Em Jerusalém os líderes judeus condenaram Jesus à morte e o entregaram aos romanos, que o torturam e o mataram. Lugar triste.

A Igreja Cristã nasceu em Jerusalém no dia de Pentecostes e pregou às multidões de judeus que vinham de muitos lugares do Império Romano — até da África, judeus étnicos-religiosos da diáspora. Paulo lutou para que os judeus cristãos aceitassem os gentios cristãos. Foi apóstolo aos gentios (At 9.15; 13.46-47; 18.6; 22.21). Contudo, ele almejava a conversão dos judeus (Rm 9–11). Quando foi preso pelos judeus, apelou a César e foi levado a Roma. Em prisão domiciliar tentou persuadir os judeus, mas muitos *continuaram incrédulos* (At 28.24). Paulo cita Is 6.9-10 sobre o coração endurecido que não permite sua conversão. Depois declarou: — *Portanto, fiquem sabendo que esta salvação que Deus oferece foi enviada aos gentios. E eles a ouvirão* (At 28.26-28).

Talvez Paulo tenha sido executado em Roma em 64 d.C. ou depois, ou pode ter ido à Espanha ou outros lugares para continuar sua missão. Pedro, preso em Roma, morreu na perseguição. Suas cartas foram escritas com os mesmos temas e na mesma época de Apocalipse. Logo depois, em 70 d.C., perante revoltas dos judeus, os romanos destruíram o Templo e Jerusalém. Nos seguintes anos muitos judeus foram deportados.

Depois da conversão do imperador Constantino, a Palestina tornou-se a Terra Santa para os cristãos porque é o lugar onde Jesus nasceu, ministrou, morreu e ressuscitou.

Islã. Maomé nasceu em Meca, na Arábia, em 570 d.C., que se tornou o local de nascimento do islã. Em 636 d.C. tomou Jerusalém e integrou a Palestina ao império muçulmano. Maomé absorveu ideias do judaísmo e do cristianismo, juntamente com traços das antigas religiões pagãs. Foi construída no século 7 a Cúpula da Rocha no monte do Templo, na Cidade Velha de Jerusalém, sendo um dos sítios mais sagrados do Islã. Jerusalém, a cidade sagrada do judaísmo, cristianismo e islamismo, foi controlada pelo Islã por mais de mil anos. Em 1099 os cruzados fundaram o reino latino de Jerusalém.

O que aconteceu com Israel? Não era mais uma nação independente. Tinha sua identidade étnica, descendentes de Abraão, Isaque, Jacó/Israel e sua religião, o judaísmo (da tribo de Judá). Os judeus étnicos-religiosos se tornaram um povo disperso, vivendo principalmente longe de sua terra natal. Espalharam-se pela Europa e pelo mundo. Depois das Guerras Mundiais, muitos foram para a União Soviética, os Estados Unidos, Brasil e Argentina. Eram judeus étnico-religiosos, uns mais e outros menos religiosos.

Antes da Primeira Guerra Mundial, a Palestina era parte da província da Síria. Após a guerra, tornou-se um território sob o mandato da Grã-Bretanha. Traçaram um plano para convencer os judeus russos, já que tinham forte sentimento de identidade, a voltar para a Palestina, que seria um refúgio permanente para os judeus que mereciam ter uma pátria. Os novos colonizadores foram chegando. Construíram o porto de Haifa e a cidade de Tel Aviv. Havia apenas um judeu para cada três muçulmanos. Depois da guerra, estabeleceu uma província completamente árabe, chamada Transjordânia, em um empobrecido território ao

Leste. Foram chegando mais judeus. Muitos árabes, originários da terra e em países vizinhos se posicionaram contra os imigrantes judeus e começaram conflitos sangrentos.

Como nasceu o antissemitismo, ou ódio aos judeus? Na Segunda Guerra Mundial, Hitler tinha antipatia e inveja dos bem-sucedidos judeus. Os nazistas de início usaram talvez 6 milhões de judeus em toda a Europa como trabalhadores manuais. Em 1942 ele decidiu exterminar os judeus não apenas na Alemanha, mas em todos os países ocupados. Em toda a Europa, especialmente na Polônia, judeus eram enviados para os campos de concentração, onde a maioria foi morta. Centenas foram assassinados na Rússia e na Ucrânia. A Alemanha perdeu a guerra, mas o preconceituoso antissemitismo não morreu. E está vivo ainda hoje.

Após os horrores do Holocausto, havia muito apoio para uma pátria judaica. Em 1945 os britânicos patrocinaram o Congresso Sionista Mundial e pediram que 1 milhão de judeus desamparados na Europa e em todo o mundo fossem acolhidos na Palestina. Em 1947 as Nações Unidas aprovaram um "plano de partilha" para determinar espaço para cada um dos dois povos, duas nações independentes, uma árabe e outra judaica, no pequeno território palestino. Foi rejeitado pelos países árabes vizinhos que não acreditaram que daria certo.

Nasceu o Estado de Israel em 1948. O que havia sido uma terra árabe estava se tornando território judeu. Anos depois, Jerusalém foi reunificada e proclamada capital de Israel, que estimulou a implantação de colônias judaicas nos territórios palestinos. Extremistas judeus usaram o terrorismo nas suas guerras pelo controle da Palestina, ocupando a Cisjordânia e a Faixa de Gaza. Enfim, os conflitos violentos entre Israel e Palestina nunca cessaram desde a partilha das terras.

Em 1964 foi fundada a Organização para a Libertação da Palestina (OLP). A partir de 1987 começou uma revolta popular palestina (Intifada) nos territórios ocupados de Gaza e Cisjordânia e o Hamas, ou Movimento de Resistência Islâmica, foi fundado em Gaza.

Em 1993 houve um reconhecimento mútuo de Israel e a OLP e instalado um regime autônimo em Gaza que foi estendido à Cisjordânia. O processo de paz foi prejudicado pelo problema das colônias israelenses e os atentados dos extremistas palestinos. O conflito aumentou desde então, com momentos de melhora e piora, conforme as políticas e reações de todos os lados.

Israel. Não existe outro país em que a composição étnica tenha sido tão rapidamente invertida. Hoje, a grande maioria da população é judia. É a única democracia no Oriente Médio. Há árabes no Parlamento judaico. Existem palestinos que são cristãos, outros são drusos — embora a maioria seja muçulmana —, e há também judeus que se converteram ao cristianismo, além de judeus seculares que não praticam o judaísmo.

Palestina/Israel é um território com forte significado simbólico para três religiões: o judaísmo, o cristianismo e o islamismo.

O mandamento de Jesus de amar ao próximo, baseado na Lei de Moisés (Lv 19.18,33-34) — que inclui o estrangeiro (Dt 10.19) —, ilustrado na parábola do Bom Samaritano (Lc 10.25-37), traz lições relevantes para nós hoje:

1. Nenhum povo deve odiar ou discriminar outro povo, etnia ou nação. Tanto o ódio aos judeus (antissemitismo) quanto o ódio a qualquer outra etnia não combinam com a fé cristã.
2. Devemos respeitar a identidade, a religião e o governo de outros países. Todos os povos merecem respeito e autonomia, inclusive um espaço físico onde possam viver e se desenvolver.

3. Quem segue o Príncipe da Paz deve promover a paz. Por isso, oramos urgentemente por paz e justiça permanentes em todo o Oriente Médio.

No livro do Apocalipse, a "Jerusalém" daquele tempo acabou seguindo mais o caminho de Roma do que o caminho de Deus. As consequências não foram nada boas.

O Apocalipse de Jesus Cristo, escrito para as igrejas daquela época — e também para as igrejas de todos os tempos —, nos enche de esperança ao revelar um desfecho totalmente redentor para os seguidores fiéis e perseverantes de Jesus. É algo que faz o coração explodir de alegria!

Mas o outro lado da moeda é um aviso severo: da mesma forma que o povo de Deus — ao longo de todo o Antigo Testamento e, depois, tanto judeus quanto gentios na era da igreja — precisava obedecer e guardar a aliança com Deus (Êx 19.5), o desafio permanece o mesmo para nós hoje.

Essa é a exortação dirigida a cada uma das sete igrejas do Apocalipse:

Seja fiel até a morte, e eu lhe darei a coroa da vida. Quem tem ouvidos, ouça o que o Espírito diz às igrejas: 'O vencedor de modo nenhum sofrerá o dano da segunda morte' (Ap 2.10-11). Palavras do Messias Jesus — para você, para mim e para todas as igrejas.

APRENDA A ORAR COM JESUS

Intimidade com Deus, a partir do Pai Nosso

Paschoal Piragine Junior

Certa vez, os discípulos que andavam com Jesus pediram para o Mestre: Ensina-nos a orar (Lc 11.1). Eles foram atendidos com a extraordinária oração que conhecemos como "Pai Nosso".

Neste livro, o Pr. Paschoal Piragine Junior parte dessa passagem bíblica e nos leva ao entendimento desse aprendizado. Em uma leitura cativante, dividida em quatro partes, o autor nos mostra, a partir de sua própria vida de oração, "por que", "como" e "o que" devemos orar, juntamente com "os segredos da oração".

Falar com Deus e ouvi-lo é um privilégio! Este livro, escrito com piedade e temor, revela o poder do relacionamento profundo e pessoal com Deus, por meio da oração.

14 × 21 cm - 160 páginas
Disponível em e-book

O TESTEMUNHO DE CRISTO EM APOCALIPSE

Hans Ulrich Reifler

INTRODUÇÃO E EXEGESE DE APOCALIPSE
Este livro leva você a explorar as profundezas do último livro da Bíblia, não como um texto de enigmas insondáveis, mas como uma revelação da centralidade e soberania de Jesus Cristo. Através das visões transmitidas ao apóstolo João, Apocalipse não trata do poder do negativo, mas da centralidade de Jesus Cristo. Ele é origem, centro e destino de todo o livro.

A Revelação de Jesus Cristo convida a uma imersão na introdução e exegese de Apocalipse, proporcionando insights preciosos sobre sua aplicação prática na vida cristã. Ele desdobra a promessa do retorno glorioso de Cristo, oferecendo não apenas consolo, mas também um chamado à perseverança na fé e à vigilância.

Neste livro, aprenda os seguintes tópicos:

- O Reino milenar
- A liturgia trinitária nas visões do trono
- O anticristo e a Igreja
- A Igreja no fim dos tempos
- O retorno de Jesus Cristo
- Doxologia cristológica
- Novo céu e a nova terra

Um livro essencial para aqueles que buscam aprofundar-se nas profecias do Novo Testamento e ouvir com atenção o que o Espírito diz às igrejas.

14 × 21 cm - 186 páginas
Disponível em e-book

editoraesperanca.com.br